AF375716

LA GVERRE D'ÆNEE EN ITALIE.

APPROPRIE'E A L'HISTOIRE DV TEMPS.

EN VERS BVRLESQVES.

Dediée à M^r le Marquis de ROQVELAVRE.

A PARIS,

Chez FRANÇOIS LE COINTE, Imprimeur & Libraire, ruë Saint Iacques, à l'Image Saint Remy.

M. DC. L.

BIBLIOTHEQUE IMPERIALE

A
MONSEIGNEVR
MONSEIGNEVR
LE MARQVIS
DE ROQVELAVRE,

GRAND MAISTRE DE LA GARDE-ROBE

DV ROY.

MONSEIGNEVR,

Ie ne vous aborde pas auec vn panegyrique de voſtre valeur, parce que ce ſeroit traitter du commun auec vous : Ceux qui ont eu beſoin de per-ſuader au public que la protection qu'ils cherchoient pour leur trauail eſtoit aduantageuſe, ont deub ſe ſeruir de ce ſtyle, mais ie ne ſuis pas en peine de faire croire vne verité connuë, tant de campagnes, de fatigues, & de perils, par leſquels vous eſtes paſſé, l'ont ſi hautement publié, qu'il me ſuffit pour auoir vn appuy tres-aſſeuré de vous ſupplier, MONSEI-GNEVR, de ſouffrir que voſtre ſeul nom donne paſſeport à ce petit Ouura-ge; I'auois eu quelque deſir d'y voir en teſte les armes de voſtre Maiſon pour l'appuyer d'auantage: Neantmoins comme on fait rencontre dans ce Liure de Virgile d'vn voleur lequel oſa derober les Vaches d'Her-cule, ie ne veux pas approcher de luy les vaches qui ſont dans vos

ã ij

Armes, parce que ie crains qu'il ne fuſt, ſi temeraire d'y toucher: Ce ſeroit expoſer auec trop d'imprudence vne marque tres illuſtre de la pro-
ximité dont voſtre Maiſon tenoit à celle d'Armaignac, & vn bien que
vous poſſedez depuis quatre cens années en vertu des Titres que i'ay eu
l'honneur de voir chez vous : I'ay vne paſſion ſi parfaite pour voſtre
ſeruice, & pour la conſeruation de voſtre bien, MONSEIGNEVR,
que i'ayme mieux reſter foible de ce coſté-là, que me rendre fort à voſtre
preiudice, outre que i'aduouë que i'aurois tort de meſler vne antiquité
ſi venerable auec vn Ouurage qui renonce à ſon ſerieux pour paſſer en
France, que s'il y a faute d'en auoir parlé hors de ſon lieu, à tout le moins
il y aura cela de bon qu'elle ne ſera pas grande, puiſque ie n'y ay tou-
ché qu'en paſſant; Le reſpect donc que i'ay pour tout ce qui eſt à vous,
MONSEIGNEVR, me fait trancher court, pour vous ſupplier de
m'accorder la grace que ie vous demande, & pour vous aſſeurer ſans
burleſques, mais du plus ſerieux & paſſionné de mon ame, que ie ſuis,

MONSEIGNEVR.

C.

Voſtre tres-humble &
tres-obeiſſant ſeruiteur,

BARCIET.

LA GVERRE D'ÆNÉE, EN ITALIE.

Vx armes, ferme les boutiques
Prenōs les mousquets & les pi-
Turne a planté son estendart [ques,
Sur le plus haut du bouleuart,
Dans sa ville, & dedans sa terre
Tout est preparé pour la guerre,
Les cloches sonnent le Betfroy,
La trompete a donné l'effroy,
Ce n'est par tout que bouteselle,
Le tambour s'y fait de plus belle,
L'on mande les chenaux legers
Pour les exercer aux dangers.

Si-tost que Turne a pris les armes
Tout le païs a mille allarmes,
Tout tend à la sedition,
L'on donne vn Arrest d'vnion,
Vn armement tumultuaire
Se forme de tout le vulgaire,
Bien qu'il ne soit exempt de peur,
La ieunesse est toute en rumeur,
Elle se fait tenir à quatre
Tant elle enrage de se battre:
Voicy le nom des Generaux
Messape & deux autres marauts,
Vsens & Mezence L'Athée
Sont les chefs de cette equipée,
Le climat ils courent espars
Prenant secours de toutes parts,
Et pour que le Troyen n'y gaigne
Gastent les fruits de la campagne.

Desia les courriers sont bottez
Pour aller de tous les costez,
Venule va chez Diomede
Afin de reclamer son aide,
Il luy dit, Sire, il faut sçauoir
Que les Troyens font tout deuoir
D'vsurper tout nostre domaine,
Que céluy qui la troupe meine
Est icy venu par la mer,
Ce Boujarron se fait nommer
Messire & Monseigneur Ænée,
Qui chante que la destinée
Luy soubsmèt cette nation,
Qu'il vient mettre en possession
Ses Dieux vaincus, & ses penates,
Or rien n'eschappe de ses pates,
Il est tres-certain que meshuy
Beaucoup de peuple est ioint à luy,
Il fait plus de bruit quand il arme
Que ne fera le Duc de Parme,
Vous voyez donc euidemment
Que cét estranger armement,
Et cette puissante entreprise
(Si le destin) la fauorise
Menasse plutost nostre fin
Que de Turne ou du Roy Latin
En vn mot voilà la gazette
De l'Italie, & là s'arreste.

D'autre-part le Troyen Heros
N'a plus vn moment de repos,
Tant plus la chose il considere
Son pauure esprit se desespere,
Agité d'vn flus & reflus
D'vn Amas de soins superflus,
Il est comme vne giroüette
A tous vents il tourne la teste,

Il se diuise en mille lieux
En mille pensers ennuyeux,
On le peint de cette maniere
Qu'on voit voltiger la lumiere,
Lorsque les rayons du Soleil ,
Ou bien de l'astre du sommeil
Frappent l'eau d'vn bassin de cuiure,
On les voit parcourir & suiure
Tous les lieux qui sont à l'entour,
Ils reflechissent leur faux iour
Dans l'air , au lambris de la sale,
Et la lumiere originale
Semble attirer l'expression
Qui vient de la reflection;
Vne quietude profonde
Estoit à lors par tout le monde,
On ne voyoit point d'animaux
Qui fatiguez de leurs trauaux
Ne dormissent en asseurance ,
Les oiseaux estoient en silence,
Il ne s'entendoit aucun bruit ,
Sans periphrase il estoit nuit;
En ce temps-là Messer Ænée
Sans peur de serein ny gelée
S'estoit couché dessus le bord
Triste, affligé iusqu'à la mort,
Et c'est bien tard quand il sommeille
Tant le soin des armes l'esueille.

　　Lors il eust vision du Dieu
Qui fait sa demeure en ce lieu,
Le Tybre fait comm'vn vieux Diable
Sort de sa riuiere agreable
Parmy les saules & roseaux
Qui croissent au bord de ses eaux,
Et tout d'vn coup il se presente
Habillé d'vne longue mante
De toille teinte en vn beau verd,
Il auoit tout le poil couuert
D'vn roseau qui faisoit ombrage
Apres il luy tint ce langage
Pour le remettre en belle humeur.

　　Braue Æneas ayant l'honneur
D'estre fait de diuine coste,
Tu nous apporte dans ta hote

Troye entiere en vn abregé
Pour qui les Grecs ont enragé,
Tu fais donc la garde eternelle
De Pergame & sa citatelle,
Tu sois enfin le bien venu
Ayant esté bien attendu
Dans les campagnes d'Italie,
Où la fortune te conuie
De bastir maison & buron,
Tu seras le premier Baron
De toute ceste belle terre
Si tu n'as pas peur de la guerre,
Tu n'es plus si fort odieux
Comme tu l'estois à nos Dieux.
Ils ont tous pissé leur cholere
Et ne font plus qu'eau toute claire;
Mais afin de te faire voir
Qu'on ne veut pas te deceuoir,
Que ce n'est pas quelque vain songe
Qui flatte le foin qui te ronge,
Sous vn verd chesne de mon bord
Tu verras la femme d'vn porc,
C'est vne Truye à grande taille
Couchée & sans chaume & sans paille,
Blanche tout ainsi que du laict,
Et trente cochons qu'elle a fait,
Tous sont blancs comme de l'albastre,
Et ne cherchent rien qu'à s'ébatre,
Tout autour de cét animal
C'est là t'on augure fatal ,
Le destin par ceste rencontre
L'assiete de ta ville monstre,
C'est-là qu'en vn parfait repos
Tu vuideras verres & pots,
Chaque cochon marque vne année
Dans l'ordre de la destinée,
Tellement qu'au bout de trente ans
Ascaigne logera ses gens,
Et leur baillera domicile
Dans vne florissante ville,
Qui d'Albe portera le nom ,
Et qui commençant par jambon,
Gaignera tousiours la victoire
Soit à combatre soit à boire,

Le laurier n'y manquera pas
Ny pour combat ny pour repas,
Et si ie compte baliuerne
Ou si ie ments que l'on me berne,
Quand au moyen de vaincre tout
Sçache que pour venir à-bout,
De ce qui plus ores te presse
Que ie veux t'en monstrer l'adresse;
Vn peuple qui n'est pas courtaut
Qui l'a tousiours porté bien-haut,
Du cœur autant que de l'oreille,
Des Arcadiens la merueille,
Qui fut la race de Pallas,
Et qui n'a iamais esté las,
De suiure le bon Prince Euandre
Autant à despendre qu'à vendre,
Bien prés d'icy vint autrefois
Où s'establissant à son choix,
Pour dominer à la campagne
Il se logea sur la montagne,
Par son Roy qui respectoit fort
Son bysayeul apres sa mort,
La Citadelle est appellée
Du nom du deffunct Palantée,
Le peuple est vn iuré Frondeur
Qui fait guerre à toute rigueur,
Auec vne immortelle haine
Contre la gent Italienne,
Il te faut liguer auec luy
Va le trouuer dés auiourd'huy,
Pour le voyage qu'il faut faire
Tu te metras sur ma riuiere,
Ie te merray le droict chemin,
Et t'aideray iusqu'à la fin,
A monter & vaincre la course
Des eaux qui sortent de ma source,
Courage donc race des Dieux
C'a debout dessile tes yeux,
Il faut sur le point de l'Aurore
Que t'on esprit Iunon adore,
Il te faut vaincre son couroux,
Par humble priere à genoux,
Et pour moy ie prends confiance
Que tu me feras recompense,

Et me rendras vn peu d'honneur
Apres auoir esté vainqueur;
Mais peut-estre & hors de peut-estre
Que tu desirerois cognoistre,
Celuy qui t'oblige & te sert,
C'est le Tybre au riuage verd,
Chery du Ciel & de la terre,
C'est moy qui dans le lict reserre,
Les eaux qui coulent dans ce lieu
Que tu vois passer au milieu,
De tous ces champs gras & fertiles,
Icy sur les plus grandes Villes,
Ie fais paroistre ma maison.
   Ainsi finit son Oraison,
Et ce canard dans l'eau se plonge,
Tout s'enfuit la nuict & le songe;
Æneas se leue à l'instant
Et comme il cognoist qu'au Leuant,
Le Soleil rendoit sa lumiere
Il puise dedans la riuiere,
Diogene auoit inuenté
Pour trouuer sa commodité,
Certaine façon d'escuelle
L'on nous a dit qu'elle fust telle,
De sa main il faisoit vn creux
Pour aualer l'eau comme vn gueux,
Aeneas la trouuant commode
Puisa de l'eau de cette mode,
Non pas pour mettre dans son corps,
Car il estoit à jeun pour lors,
Mais il s'en seruit d'eau beniste
Pour faire mieux le Chatemite,
Et cela fait ainsi parla
Aux Nymphes de ce pays-là.
   Nymphes mais Nymphes Florentines
De qui l'on chante Feuillantines,
Qui pissez de fleuues entiers
Et des enfans plus volontiers,
Toy Tybre qui t'en-dis le pere
Auecque ta saincte riuiere,
Prens Ænée en protection,
Sauue-le de perdition,
Finissant sa grande trauerse
Quelque fontaine qui te verse,

Quelque lac que soit ton seiour,
Et ne passera point de iour,
Que des honneurs ie ne te rende
Et ne te sacrifie offrande,
Beau fleuue cornard ou cocu
A qui tout vient baiser le cu,
GrãdMaistre & Roy des eaux liquides
Qui portent le nom d'Hesperides,
Demeure prés de moy tousiours,
Et sois tout prest à mon secours.
 Cela dit il prenc deux naselles
Parmy la flote les plus belles,
Il les équippe d'auirons,
Et fait armer ses compagnons,
Alors que d'vn nouueau spectacle
Duquel Maron fait vn miracle
Soudain sur le riuage verd
Fust le miracle découuert,
La truye blanche s'est monstrée
Auecque sa blanche ventrée,
A l'ombre couchant le iambon
Lors Æneas deuot & bon,
Fit vne entiere boucherie
De toute ceste porcherie,
Il esgorgea truye & pourceaux,
Il depessa tout par morceaux,
Et Iunon la grande chatoüille
Par vn sacrifice d'endoüille,
Ce petit coup d'humanité
Appaisa sa diuinité,
Le Tybre toute la nuict roule
Et son eau s'enfuit & s'écoule,
Son lict est vn lict à repos
L'on n'y void plus vagues ny flots,
Il coule auec tant de silence
Qu'on luy douroit la ressemblance
D'vn marays ou bien d'vn estang
Où le calme a le premier rang,
Ses eaux font vne belle pleine
Où les rameurs n'ont point de peine,
Rien ne s'oppose à leur effort,
Enfin ils se hastent bien fort,
Faisant de cris de bon presage
Ils diligentent le voyage,

Les vaisseaux peints voguent sur l'eau,
Et l'eau trouua cela si beau,
Qu'elle se rauit & s'admire,
Le bois aussi voyant reluire,
Leur bouclier & leur armement
Tombe en pareil rauissement,
Voyant nager tant de peintures
Auec ces flottantes demeures,
L'on tire la rame tousiours
Les nuicts aussi bien que les iours.
Passant par vne forrest sombre
Les arbres les tiennent à l'ombre,
Ainsi faisant mille detours
Que le fleuue a durant son cours,
Lors que le plus grand luminaire
Fust au milieu de sa carriere,
Sur le Midy tout en vn mot
Sans rechercher le tour du pot,
Ceux qui trauaillent à la rame
Virent les tours de Nostre-Dame,
Puis auiserent L'arcenal,
(I'ay tort ie l'interprete mal)
Puis que ie prends Paris pour Rome,
Ie dis mieux le Troyen bon-homme,
Va voir les murailles du fort
Peu de maisons, mais dont le fort,
Maintenant au Ciel les esleue
Par la valeur & par le glaiue,
Lors Euandre auoit peu de bien
Et ne possedoit presque rien,
C'est en ce lieu que chacun tire
Et qu'on a dressé le Nauire,
Ils tournent donc vers la Cité.
 Vne tres-grand' solemnité
Se faisoit ce iour par Euandre,
Au moins si ie puis le comprendre,
Pour Hercule, ou quelque autre Dieu,
L'on tenoit le Landy du lieu,
Deuant la ville alors village
A l'ombre d'vn sacré bocage,
Pallas & tous en ce moment
Presentoient leur encensement,
Le pauure Senat, mais sans vice,
Faisoit le mesme sacrifice,

Les

Les Senateurs n'estoient letrez,
Ils estoient lors Iuges quetrez,
Ils ne finançoient pas l'Office
Aussi tout estoit sans malice,
Sans guerre & sans acte cruel
Pour ioüyr du droict Annuel,
L'on ne sçauoit en tout le monde
Que c'estoit de frondeur ny fronde,
Tant le cœur du pauure Senat,
Par grande pauureté s'abbat,
Ie ne sçay comment pour la Feste
Ils acheterent vne beste,
Pour faire fumer les Autels
L'Hercule, ou d'autres immortels,
Car ils n'auoient denier ny maille,
Et n'estoient que pauures canailles,
Apres auoir veu ces vaisseaux
Se couler soubs les arbrisseaux,
Que cét équipage s'aduance,
Et qu'on ramoit auec silence,
Tous surpris, ils sentent au cœur
De transports de soudaine peur,
Toutes ces gens sortent de table
Tant la surprise les accable,
Pallas se leue aussi comme eux
Ce Prince braue & genereux,
Deffend sur peine de la vie
De rompre la Ceremonie,
Il ne print à sa main qu'vn dard,
Et puis volant en ceste part,
Où la flotte estrangere tire
Monte vne bute afin de dire,
Apres cinq ou six qui va là,
Que d'abord il leur d'estala,
Sçachons pourquoy vostre venuë
Dans vne plage non cogneuë,
D'où venez vous, que cherchez-vous?
De quel pays estes-vous tous?
Estes-vous Marchands de moluë?
Estes-vous du mestier qui tuë?
Portez-vous la guerre ou la paix?
Ma foy nous serions bien dupez,
S_ vous veniez faire la guerre,
A ceux qui ne la font qu'au verre.

Æneas se montra soudain
Vn rameau d'oliue à la main,
Pour dissiper sa messiance,
Et monstrer qu'il cherche alliance,
Tu vois les armes des Troyens
Ennemis des Italiens,
Ils nous ont prins, dit-il, en bute
Et ceste gent nous persecute,
Auec insolence & mespris
Comme vn miserable debris,
Or nous venons icy descendre
Pour saluër le grand Euandre,
Faites luy sçauoir ce discours
Que ceux qui veulent son secours,
Sont les Capitaines d'elite
Les Troyens du plus grand merite.
Pallas à ce nom seulement
Est tout surpris d'estonnement,
Et luy respond, vient chez mon pere
Luy declarer tout ce mystere,
Sors donc, & vien-t'en auec moy,
Te reposer dans vn chez-toy,
Fais-nous l'hôneur d'estre nostre hoste,
Et laisse dans le port ta flote,
Puis luy tend la main quand il sort,
La tenant il la serre fort,
Tous deux se tiennent par la droite
En signe d'vnion estroite,
Apres ces compliments, d'abord
Ils vont au bois quittant le port,
Où le grand Troyen complimente
Le bon Euandre dans sa tante.
Prince le meilleur des Gregeois
Ce n'est pas trop dire à la fois,
Cét eloge est du tout semblable
A qui diroit le meilleur diable,
N'en prennez point de vanité,
Donc Sire, Altesse ou Maiesté,
A qui la fortune m'oblige
De venir me rendre homme lige,
Et faire supplication,
Pour entre nous faire vnion,
Ie n'eust iamais aucun ombrage,
Bien que ie sçache ton lignage,

B

Quoy que tu fois Arcadien,
Quoy que ie fçache encor tres-bien,
Que de Grecs font fous ta conduite,
Et que par vne longue fuite,
Le fier Aiax eft bon parent,
Tout cela m'eft indifferent,
Car ma valeur, & les refponces
Que le Ciel fit à mes femonces,
La paranté dont nos Maieurs
Lioit leurs maifons & les cœurs,
Ta valeur en terre cogneuë
Et qui s'effeue fur la nuë,
On fait bien plus d'impreffion
Deffus mon inclination,
Pour te rechercher de la forte
Et quoy que le deftin m'y porte,
Qui conftraint & s'en valoir,
C'eft pourtant de mon franc vouloir,
Quand à la genealogie
Qui depuis long-temps nous allie,
Dardanus qui fut fondateur
Le pere, ou fi tu veux l'Autheur,
D'Ilion & de fes murailles
Fuft conceu dedans les entrailles,
D'Electre qui naquit d'Atlas
Ce grand crocheteur iamais las,
De porter le globe celefte,
L'hiftoire Grecque nous attefte,
Que Dardanus feuft le premier
Qui defcendit en ce quartier,
Que la carte a mis en Afie
Où noftre Cité fuft baftie,
Pour voftre eftoc il eft fort beau,
Vous fortez d'vn franc maquereau,
Car vous eftes la geniture
Qu'à produit le pere Mercure,
Maia dont le teint fuft tres-blanc,
Ouurit la porte de fon flanc,
Pour le laiffer cheoir en la place
Parmy les neiges & la glace
Du mont nommé Cyllenien,
Ainfi naquit ce Rufien,
Quoy que l'hiftoire ne l'efcriue
Nous le fçauons par traditiue,

Or cefte Maia tient le iour
D'vn coup de piftolet d'amour,
Chargé feulement d'eau de vie,
Q'Atlas fur qui le Ciel appuye
Tira par diuertiffement
De forte qu'on void clairement,
Que la fource à double riuiere
Et qu'Atlas eft noftre grand pere,
Dieux gardez-nous d'eftre deçeus
Mais i'ay tout fondé là deffus,
Sans fuiure la premiere game
Pour fçauoir le fonds de ton ame,
Sans enuoyer quelqu'vn deuant
Qui tachât d'en auoir le vent,
Sans embaffade precedente
Moy-mefme ie me reprefente,
Ie n'ay point employé de tiers
Tout au rebours tres-volontiers,
Matefte mefme ie te porte
Et fuis fuppliant à ta porte,
Ioints la confideration
Que c'eft la mefme nation,
Qui nous fait guerre tres-cruelle,
Et que par ainfi la querelle,
Doit eftre commune à nous deux,
Que s'ils nous chaffent de ces lieux,
Ou nous enferment dans Vincenne,
Ils croient n'auoir plus de peine,
A ranger tout foubs leur pouuoir
Et dans peu de iours l'on va voir,
Qu'ils arrefteront la Riuiere,
Et bien plus qu'ils ne craindront guere,
Qu'on pretende à l'Admirauté
Qu'on choque leur auctorité,
Dedans pas vne des deux coftes
Les voila donc maiftres des flotes.
Mais pour les ranger à raifon,
Pour ne point fouffrir de prifon,
Pour éuiter qu'on ne nous choque
Donnons nous la foy reciproque,
De Paris grand monde eft party
Pour venir dans noftre party,
Ce n'eft pas vne moindre amorce
D'auoir le courage & la force,

Nos ieunes guerriers ont veu Lens
A Rocroy furent fort vaillans,
Que veux-tu plus que ie te die
La Bourgogne & la Normandie,
Madame de. mais i'ay regret
D'auoir éuenté le secret,
Car Ænée en fait bouche close
Ne parlant plus d'aucune chose,
   Euandre le bon homme vieux
Le regardoit entre-deux yeux,
A le considerer s'arreste
Depuis le pied iusques à la teste,
Et luy respondit briefuement
Ie te cognois asseurement,
Braue & vaillant Prince de Troye
Ie te reçois auec grand ioye,
Car encor ie me ramentois
Le front, le parler, & la voix,
Du grand Anchise, ton feu pere
Il me reuient en la memoire
Quand deffunct Priam sit vn tour
Suiui de sa galante Cour,
Et vint voir sa sœur Hesiionne
Braue Reine apportant Couronne,
Nostre Arcadie il voulut voir
Nonobstant qu'on luy fit sçauoir,
Qu'en ceste contrée on endure
Le mal d'vne extreme froidure,
I'estois pour lors vn ieune gars
Qui rauy tenois mes regards,
Sur les Troyens & sur leur Prince
Tant qu'il fust dedans la Prouince.
Mais ie vous aduoüe entre nous
Qu'Anchise i'admirois sur tous,
Il surpassoit en bonne mine
Tous ceux qu'on vid à Salamine,
Tout ieune garçon que i'estois
Mes plus grands desirs i'arrestois,
Dedans sa seule cognoissance,
Ie recherchay son alliance,
Et l'accostay fort franchement
Auec vn petit compliment,
Il m'accorda quelque iournée
Pour le regaler dans Phenée,

Quand ma Ville il abandonna
Il me souuient qu'il me donna,
Dans le moment qu'on se separe
De beaux traits vne trousse rare,
Et le present fust encor tel
Vn beau manteau de broquatel,
Deux mors dorez auec bossetes
Que Pallas garde pour les festes,
Ie ne te casse point du gré
Ta demande est fort à mon gré,
Et l'vnion que ie souhaite
Est desia depuis long-temps faite,
Apres tout, donne-moy ta main,
Ie te promets que dés demain
Ie te veux donner assistance
De mes gens & de ma finance,
Cependant puisque nous voicy
Vous nous ferez l'honneur aussi,
De chomer la feste annuelle
Que nostre peuple renouuelle,
I'encourrois ma damnation
Si i'en faisois translation,
Pour ce iour ayez agreable
De vous accoustumer à table
Auecque vos associez,
Du reste ne vous souciez.
   Cela dit, Euandre demande
Son maistre d'hostel, & commande
Qu'il couure vne seconde fois,
Qu'on ait tout du meilleur piuoit
A son sommelier il ordonne,
Puis à chacun sa place donne,
L'herbe & la terre sont les bancs,
Il met Ænée aux premiers rangs
A l'endroit le plus honorable,
Sur vn lict, ou thrône d'erable
Couuert de la peau d'vn Lion
S'assid le Prince d'Ilion,
La plus leste & braue ieunesse
Pour seruir à l'enuy s'empresse,
Le Prestre mesme de l'Autel
Fait icy le maistre d'hostel,
Iamais on ne feust mieux au Louure,
Le premier seruice qu'on couure

Fuſt de merde, au moins de boyaux
De quelques bœufs ou quelques veaux,
C'eſtoit roſty, ces grands guenippes
De boyaux farciſent leurs trippes,
L'ordre y fuſt bon, apres la chair
Voicy le pain qui va marcher,
Et puis le vin à grandes cruches,
Or tous ces eſtomachs d'Auſtruches
Donnerent moult bien là dedans,
Et s'eſcrimerent fort des dents,
Pour ſecond ils firent curée
D'vn bœuf d'eternelle durée,
Qui l'epithete a merité
Pour ſon age, ou pour ſa durté,
C'eſt le petit pied qu'on y mange,
Le fruict n'y fuſt pas moins eſtrange,
Les entremets furent egaux
L'on rendit trippes & boyaux;
Quand la faim, mais la faim canine,
Mais pluſtoſt la meſme famine,
Fuſt appaiſée auec ce mets
Euandre parle deſormais.

   Vne ſuperſtition ſote
Athée, heretique, indeuote,
N'a point fait l'introduction
De ma feſte & deuotion,
Mon cher hoſte aura cognoiſſance
Qu'vn vray coup de recognoiſſance,
Nous a fait rendre ces honneurs,
Nous voulons pour mille malheurs,
Dont nous auons eu deliurance
Renouueller la redeuance,
Continuant tout ſerieux
Tourne, dit-il, tourne tes yeux,
Prens garde à ceſte grande roche,
Icy i'admire la caboche
Du bon Euandre, ou de Maron,
S'ils ne le diſoient croiroit-on,
Qu'vne roche eſt faite de pierre,
Voy l'antre tout couuert de lierre,
On n'abitent que des eſprits
L'on a diſloqué ſon lambris,
Toute la maſſe eſt fracáſſée,
La roche eſt à quartiers caſſée,

Elle euſt iadis vn ſi grand choc,
Que les eſcueils couppez du roc
Nous repreſentent la ruine
Que fait à preſent vne mine,
Vn homme horrible, vn diable noir
Y fit autrefois ſon manoir,
Dans vne cauerne profonde
Ce monſtre la terreur du monde,
Fuſt én Grec le mechant Cacus
Fils de Vulcan Roy des cocus,
Ce fuſt vn lieu du tout funeſte,
Le Soleil le fuit & deteſte,
Et n'entre point dans vn ſeiour,
Où tout animal perd le iour,
Bref ces cachots ſi noirs & ſombres
Retiroient en foule les ombres,
L'on voyoit touſiours leur paué
De meurtre, & de ſang abreuué,
Et comme la hure des beſtes
A la porte il clouoit les teſtes,
Des hommes qu'il aſſaſſinoit,
Ce geant qui nous dominoit
Dedans ſon grand corps euſt vn gouffre
Rempli de minieres de ſouffre,
Et land l'air en eſtoit agité,
Lors que la ventoſité,
Ne trouuoit au cu porte ouuerte
Pour s'exler & metre à lerte,
Le grand effort du mouuement
Excitoit vn embraſement,
Dans ceſte poictrine infernale
Dont apres la flame s'exale,
Par le gozier de ce demon,
Mais on peut en plus court ſermon
Dire qu'il enrageoit d'ans l'ame,
Et qu'il vomiſſoit feux & flamme ;
Apres de pleurs & de ſouſpirs,
Mille veux, mille ardants deſirs,
Vn Dieu dans le cours d'vne année
Vint punir ceſt'ame damnée,
Ce Heros, ce iuré vangeur
Fuſt en ce pays voyageur,
Chargé de butin & de nippes,
Hercule ayant creué les trippes,

Et tuë

Et tüe les trois Gerions
Auec ses pesants horions,
Touchoit les gros gras bœufs d'Espagne
Comme les bouchers de Bretagne,
Lors qu'ils s'en viennent à Poissy,
Ses Troupeaux couuroient tout icy,
Despoüilloient d'herbe le riuage
Sechoient le fleuue à leur breuuage,
Pour lors viuoit nostre voleur
Et le diable entra dans son cœur,
Il le pousse & si fort le tante,
Qu'il n'est point d'action mechante,
Point de trahison qu'il ne fit,
Toute en malice il est confit,
Mais l'on va voir le Diable aux vâches,
Il faut Goliat que tu tâches,
D'escorner les bœufs des troupeaux,
Il en prit quatre des plus beaux,
Autant de vâches des plus belles
Et pour qu'on n'en eust de nouuelles
Le bougre ne fust pas trop sot,
Il les traina dans son cachot,
A reculons & par la queuë
Là piste ainsi trompoit la veuë,
Il sceust si bien son vol cacher
Que l'ayant voulu rechercher,
Rien ne donna soupçon ny doubte,
Que vers l'âtre ils aiét pris leur route,
Mais enfin se fit le depart,
Le grand vacher de Vaugirard,
C'estoit Alcide l'indomptable,
Mit son bestail hors de l'estable,
Comme il les poussoit à sortir
Messieurs les bœufs auant partir,
Font leur adieux en leur langage
A nostre friant pasturage,
Monstrant par leur mugissement
Le regret de leur partement,
La voix resonne en la valée,
Et iusques dans l'antre est allée,
A l'ayde des Echos du lieu,
Vne des vâches rend l'adieu,
Elle répond, mugit ou beugle,
Au fonds de ce cachot aueugle,

Et par ainsi trompa l'espoir
Que Cacus vient de conceuoir,
Et decouuroit tout le mystere,
Qui luy va donner bien à faire,
Alcide en deuint furieux
Et comme il estoit bilieux,
Il s'echauffa d'extreme rage,
Pour se vanger de cét outrage,
Il s'arma comme vn Iaquemart,
Empoignant pour tout braquemart,
Sa lourde & noüeuse massuë
Qui tout ce qu'elle frape tüe,
Et courant comme vn cerf à mont
Alla iusques au sommet du mont,
Or ce fust la premiere atteinte
Que Cacus eust iamais de crainte,
Il troubla son affreux regard,
Ne songea plus qu'à faire escart,
Le vent ne passe pas plus viste
Que ce coyon prenant la fuite,
La peur chauffa des esperons,
Luy mit au pied des aislerons,
Il courrt, il pique, il vole, il entre
Creué d'haleine dans son antre,
Ainsi tout sueur & tout eau
Il fit retraite de blereau,
Et chercha son salut sous terre
Fermant sa grand' porte de pierre,
Et n'allons pas tant esplucher
Cét huis de planches de rocher,
Il estoit de rare matiere,
Les garçons de Monsieur son pere,
Qui tiennent boutique en Enfer
Auoient fait des chaisnes de fer,
Dont il fermoit ceste grand' porte
Quoy qu'elle fust bien lourde & forte,
Encor se veut-il retrancher,
Tant il a peur que le vâcher,
Le plonge en vn dernier desastre,
Mais nostre rude & vilain pastre
Luy crie apres lâche voleur,
Filou de vâches as tu peur?
Et voyant boucher le passage
Peu s'en faut qu'Hercule n'enrage,

C

Quand il ne peut entrer dedans,
Il bat du pied, grince les dents,
Il recognoiſt les aduenues,
Fait mille allées & venues,
En regardant de tout coſté
Comment ce bougre s'eſt poſté,
Tout tranſporté de rage il gronde,
Trois fois au rocher fait la ronde,
La porte il attaque trois fois
Sans trouuer viſage de bois,
Car c'eſtoit viſage de pierre,
Par trois fois il s'aſſied à terre
Pour reprendre vn petit ſoulas,
Quand de ces aſſauts il fut las,
Doncque ne pouuant faire breche
Tout autrement il ſe depeche,
Voyant que le flanc reſiſtoit
Il fait l'attaque par le toit,
Vne roche & haute & pointue,
Haute preſque à perte de veüe,
Droit eſcarpée en toute part
Couuroit le fort de ce paillard,
Eſtant ſans accez ny paſſage
Tout oyſeau de mauuais preſage,
Alloit nicher deſſus ſon dos,
Et rien ne troubloit ſon repos,
C'eſt-là que ioüa la machine,
Car voyant que la roche incline,
Vers le fleuue, & panche à ſon bord,
Il y fit ſon dernier effort,
Il paſſe derriere la roche,
Par le coſté droit il l'accroche,
Et la ſecoüant bruſquement,
Il esbranla ſon fondement,
Et coup ſur coup d'vne ſecouſſe
Dedans la riuiere la pouſſe,
L'echo de peur hauſſa la voix,
Et ce grand abateur de bois,
(Ie veux dire abbateur de pierre)
Fit faire à l'air vn grand tonnerre,
D'vn bruit ſi grand d'vn coup ſi lourd
Vn loup en fuſt deuenu ſourd,
Tandis que la nuée en tonne
La riue fremit & s'eſtonne,

Deſſous tant de peſant plaſtras,
Le fleuue comblé du fracas,
Croyant à l'heure auoir ſon compte
Sur ſes pas rebrouſſe & remonte,
Quand à Cacus & ſon Palais
Ce coup les a fort deſolez,
Son fort découuert ſort du nombre
Des noirs cachots tous réplis d'ombre,
Et voicy la comparaiſon
Qui peint le maiſtre & la maiſon,
Lors que l'effort d'vne colique
Par la conuulſion centrique,
Cauſe à la terre vn tremblement,
Et que tout ce fracaſſement,
Fait inciſion de ſon ventre,
L'on y penetre iuſqu'au centre,
L'on découure vn Royaume noir
Qu'vn ſainct ne peut ſeulement voir,
L'endroit où Dieu punit les crimes,
Bref l'Enfer & tous les abyſmes,
A l'eſclat de quelque lueur
Les manes fremiſſent de peur,
Que par le iour periſſe & meure
Toute ombre de ceſte demeure,
Ainſi Cacus deſeſperé,
Surpris de ſe voir eſclairé,
Se meurt de ce que la lumiere
A penetré dans ſa tanniere,
Il s'y croyoit clos & couuert,
Pourtant il s'y voit pris ſans verd,
Cela le fait gemir & braire
Sur vn ton extraordinaire,
Hercule ne l'eſpargne pas,
Car le traitant de haut en bas
Par toute ſorte d'arme il preſſe,
Il le bat & pouſſe ſans ceſſe,
Luy lance vn cheſne, & puis vn pin,
Fronde vne meule de moulin,
En vn petit coin il l'accule,
Viſte, *l'Inmanus*, dit Hercule,
Ie t'auray bougre s'en eſt fait,
Tu ne ſçaurois parer ce traict,
Cacus donc voyant inutile
De croire & tacher faire gile,

Quand il se void tout déconfit,
Voicy ce que le voleur fit,
Mes yeux ont horreur de le lire,
Ma langue encor plus à le dire,
Il fit vn püant camoufflet,
Son poulmon en fut le soufflet,
Pour le canon ce feust sa gueule,
Elle est en feu sans qu'elle brusle,
Elle fumoit horriblement
Tout estoit dans l'aueuglement,
En de tenebres tant espaisses,
Que l'œil ne void pas ses especes,
Rien que le feu qu'il fait ne luit,
Au trauers de sa sombre nuict,
Non amoneur de cheminée
Ne craint ny flame ny fumée,
Tousiours au haut du souspirail
Se reproche vn si long trauail,
Et quoy que la descente est haute,
Il faut enfin qu'en l'antre il saute,
Sçachons ce qu'il fit en sautant,
L'air il esmeut & batit tant,
Qu'il fallut que ceste fumée,
Ceste crasse & noire nuée
Fit mille flots dans l'antre obscur,
Cacus y perd enfin le cœur,
Il vomit enfin l'incendie,
Il faut qu'il y laisse la vie,
Hercule le saisit au corps
Le serrant de si grands efforts
Qu'il en mourut de l'ambrassade,
Cacus fust alors bien malade,
Ses beaux yeux escueils de l'amour
Creuez, ne virent plus le iour,
Son gosier d'amour la fournaise
Ne respira plus à son aise,
Son poulmon fut si deseché,
Qu'en fin mon bougre est depeché,
Pour Monseigneur Alcide il suë,
Il pleure & puis il esternuë,
L'air de l'antre espais & fumeux
Estouffoit ce vangeur fameux,
S'il n'eust tost debouché la porte
Afin que la fumée en sorte,

Ou que luy-mesme sorte à l'air,
Tost apres il fit estaller
Tous les larcins de ce faux traistre,
Et rendre tout à son vray maistre,
Sort ses bœufs prins à reculons,
Traina Cacus par les talons,
L'on ne peut saouler son enuie
De voir ce meuble de voirie,
Ses yeux pochez font encor peur,
Son visage est couuert d'horreur,
Chacun tremblant porte la veuë
Dessus la poictrine veluë
De cét homme & beste à demy,
Le gosier de leur ennemy,
Leur donne encore quelque crainte
Qu'il r'alume vne flamme esteinte,
Ce fut le sujet des honneurs
Que rendent nos freres Mineurs,
Le fondateur du sacrifice
Fust appellé Monsieur Potice,
Et suiuant le bon Calepin
Le chef de la maison du Pin,
Preside à la Marguillerie
De nostre belle Confrairie,
Ses ayeux firent autrefois
Cét Autel dans ce sacré bois,
Vn Autel dont la reuerence
N'ira iamais en decadence,
Et qui pour dire le surplus
Est trois fois grand, ou beaucoup plus,
Courage donc braue ieunesse,
Honneur a si grande proüesse,
A par bonnet, beguin, chapeaux,
Courronnez-vous tous de rameaux,
C'a courage empoignez la tasse
Pour salüer sa bonne grace,
Hercule l'a bien merité,
Beuuons donc tous à sa santé,
C'est nostre deïté commune,
Qui fit changer nostre infortune,
Verse dond Page au nom de Dieu,
Verse moy le vin de l'estrieu,
Il faut despescher; car ma langue
Est seche apres ceste harangue.

A le feruir chacun, eft prompt,
De rameaux il couurit fon front,
Le poil, & les branches des faules
Luy defcendoit fur les efpaules,
Prend vn facré verre à plein poing,
Afin de noyer tout le foing,
Comme luy tout fait diligence,
Court à table, y remplir la panfe,
Mais quoy qu'on foit precipité
L'on dit le benedicité,
Ce pendant le Soleil s'approche
De fon gifte, & bureau de coche,
Potice & les Preftres deuant
Vont proceffionellement,
Habillez de peau de guenuche
De petit gris, ou de pelluche,
Comme ils auoient accouftumé
Chacun a fon fierge allumé,
Apres cela reuient la panfe,
Et le feftin fe recommance,
L'on couure les autels de plats,
La chair eft deffus à grand tas,
Car l'on offrit en facrifice
Tout entier le fecond feruice,
Deuant les Autels qui brufloit
Tous les Choriftes s'efgueuloit,
A chanter bemol & becarre,
L'explication eft bigearre,
Pour fçauoir fi les Muficiens
Se doiuent nommer Saliens,
Ou dire que la loy Salique,
A fondé ce cœur de Mufique
Tout mafle & qui garde fa voix,
Gardant la nature & fes poids,
Les branches de faux en guirlandes
Couurent le front de fes deux bandes,
Ou de deux cœurs, l'vn de vieillards
L'autre eft de ieunes egrillards,
Ils chantent, mais comme des Anges
Les faits d'Hercule, & fes loüanges,
Ils ne danfent que tricotets,
Et chantent mille Triolets,
Que l'on crie, & qu'on intitule,
Triolets des Trauaux d'Hercule.

Qu'il eft pompeux & triomphant
L'Amphitrioniade enfant,
Puluerifant comme du plaftre
Les deux ferpens de fa maraftre,
Qui l'attaquerent au berceau,
Il n'en fit qu'vn petit morceau,
Car toutes ces belles defpoüilles
N'eftoit que deux groffes andoüilles,
Non pas deux ferpens comme on dit,
Ce fuft le mefme qui deffit,
Vne truye, vn huiftre à l'efcaille
Quand il leur liura la bataille,
Mais parlant ferieufement,
Et tournant plus fidelement,
Ce fuft celuy qui mit en proye
Deux villes, Oechalie & Troye,
La vexation de Iunon
Mit ce beau-fils dans la chanfon,
Quand foubs le regne d'Eurifthée
Sa valeur fuft perfecutée,
Dans mille dangers & trauaux,
Des hommes à demy cheuaux,
Et de ioufteurs à double membre
Qui fans ambre, ou ius de Septembre,
Tiroient bien de leur piftolet
Furent encor au Triolet,
Ainfi que Pholus & Hylée
Ces braues fils d'vne nüée,
Qui ie croy furent deux crapauts,
Car il en pleut de ces lieux hauts,
Mais c'eft la poëtique fecte
Qui fait vn monftre d'vn infecte,
Et d'vne moufche vn Elephant
On le chante auffi triomphant,
Des monftres qui dans la Candie
Ont de fa main perdu la vie,
Item comme il a terraffé,
Vn lyon armé lampaffé,
Son champ de gueule fuft Nemee,
Comme il accreut fa renommée,
Pour auoir troublé le repos
D'vn chien couchant rongeant vn os,
Quand il fit faire maigre chaire
A ce maftin nommé Cerbere,

Lequel

Lequel fuſt vn dogue ſi fier
Que Pluton voulut s'y fier,
Il en fit ſon portier ou ſuiſſe,
Hercule luy froiſſa la cuiſſe,
Quand il fit le Diable en Enfer,
On le fait auſſi triompher
De Stix & de beaucoup de Diables,
Ou de phantoſmes effroyables,
Comme Typhæus l'inhumain
Auecque ſes armes en main
Ne luy donna point d'eſpouuante;
Apres la Muſique le vante
D'auoir conſerué ſon ſang froid,
Et d'auoir eſté bien adroit,
Defaiſant la pire des beſtes,
Et ſon nombre infini de teſtes,
O de Iupin le digne ſang
Qui parmy les Dieux tiens ton rang,
Nous te chantons gloire eternelle,
Ainſi dit la chanſon nouuelle,
Cours ſur le bon pied deures nous
Nous t'en ſupplions à genoux,
Mais ſur tout la plus belle lettre
A pour ſon ſubiet noſtre traiſtre,
On laſſe l'Echo d'alentour
Profnant l'horreur de ſon ſeiour,
Luy faiſant rechanter la game
D'vn monſtre qui vomit la flamme.
   S'eſtant de la feſte acquité
Tout s'en reuient à la cité,
Le Roy chargé de mainte ànnée
Marchoit auec Monſieur Ænée,
Et comme il eſt mauuais pieton
Son fils luy ſeruoit de baſton,
Et comme il eſt d'humeur raillarde
Touſiours piaille, & guoguenarde,
Pour tromper la peine, & l'ennuy
Que le chemin traiſne auec luy;
Mais laiſſons la piaillerie,
Et voyons la badauderie
Qu'Æneas faiſoit en ces lieux
Comme vn chat il ouuroit ſes yeux,
Il admire, il s'enqueſte, il gloſe
Sur la plus grande & moindre choſe,

Enfin ſa curioſité
Foüille dedans l'antiquité.
  Euandre fondateur de Rome
Fit ceſte réſponſe à noſtre homme,
Vous deuez ſçauoir qu'autrefois
Les habitans de ces grands bois
N'eſtoient que Nymphes, & de Faunes,
Ou des gens qui n'auoïét point d'aulnes
Ny d'autre meſure, ny poids,
Qui n'auoient couſtumes, ny loix,
Nez parmy les rochers & marbres,
Ou charpentez des troncs des arbres,
Vn peuple inciuil & groſſier,
Qui ne ſçauoit aſſocier,
Et mettre bœufs à la charruë,
Qui n'auoit point pignon ſur ruë,
Qui ne ſçauoit rien acquerir
Et laiſſoit l'acquis deperir,
Qui n'auoit pas encor l'adreſſe
De baſtir des fours à Goneſſe,
Ny faire magàſin de grain,
Le ſeul gland appaiſoit la faim,
Sans ſçauoir que c'eſt boucherie,
Patiſſier, ny rotiſſerie;
Car il ne mangeoit d'autre chair
Que celle qu'il alloit chercher,
Et que la chaſſe & l'aduenture
Fourniſſoit à ſa nourriture;
L'on fit au Ciel quelque rumeur,
Iupin fuſt de mauuaiſe humeur,
Il fuſt imperieux & rogue,
Il effaça du decalogue;
Ton pere & mere honoreras
A fin d'eſloigner le treſpas,
Car il arma contre ſon pere,
Saturne mary de ſa mere,
Fuſt prompt à paſſer le guichet,
De peur que s'il ne denichoit
Et n'abandonnoit ſa Couronne,
Son fils ne la luy ioüaſt bonne:
Or comme il deſcendit des Cieux,
Il ſe retira dans ces lieux,
Où ce banny print ſon aſile,
Tout ce pauure peuple indocile

D

Habitoit dans de creux rochers,
Dans les montagnes & deferts,
Quand le premier il perfuade
De baftir villes & bourgade,
Il n'y fit pas de vains efforts,
Car il les mit en diuers corps,
Il les regla tous à fa mode,
Et leur donna Digefte. & Code,
Parce qu'il trouua feureté,
Et fe creut dignement gifté,
Dedans ce pays,& Contrée,
Elle fuft par luy furnommée
Le L*atium*, ce nom fur tout,
Fuft fur tout autre de fon goût,
Que fi l'on ne nous en fait croire,
L'on donne à ce Roy cefte gloire
Qu'vn fiecle d'or fuft de fon temps,
Ses peuples viuoient tres contans
Dans vne paix, bien eftablie,
Tant qu'il regna fur l'Italie,
Mais le fiecle eftant defdoré
Et lourdement decoloré,
Apres la fin de fon Empire
Suiuit vn âge beaucoup pire,
L'ardent-defir de poffeder
Vint à ce temps d'or fucceder,
Il ne fuft defordre ny vice
Qui n'accompagnaft l'auarice,
L'auidité de tout auoir
Par vn tyrannique pouuoir,
Mit par tout le mauuais menage,
Et touua la guerre & fa rage,
Apres vint Monfieur de Laufon
Auecque du monde à foifon,
Gens de chicane, ou Sicanie
Pafferent dans la Saturnie,
Ce fuft fon nom auparauant,
Depuis elle a changé fouuent,
En fin la voila Monarchie,
Que Tybre au grand corps a regie,
De ce nom qui la maiftrifa
Noftre nation baptifa,
L'eau de la ville de Romule,
Ce fleuue fuft iadis Albule,

Qui perdit lors fon nom ancien,
Quand ie fus chaffé de mon bien
Courant la Mediterranée
La fortune & la deftinée,
Dont le pouuoir eft fouuerain
Me ietterent dans ce terrain,
Mais ce ne fuft pas fans myfteres,
N'ymphe Carefme entrant ma mere,
Et Phœbus donna les aduis
Qu'en peur & refpect i'ay fuiuis,
Cela dit Ænée il contante
Luy montre l'Autel de Carmante,
La porte auffi de la Cité,
Qui toufiours ce nom a porté,
Apres qu'on l'euft faite & dreffée
Comme vn monument & trophée,
Au nom de cefte Nymphe-là
Que pas vn forcier n'efgala
En difant la bonne aduenture,
Et predifant chofe future,
Ouy cefte Nymphe auoit predit,
Auant que nul autre l'euft dit,
Que le Parrin des Æneades
Meneroit icy des peuplades,
Elle auoit encore chanté
Le Pallantée, ou ma Cité,
En fuite il luy fit voir l'Afile
Que fit Romule pres la Ville
Dedans vn bois grand & facré
Pour tout homme ayant maffacré,
Apres fous vn roc luy découure
Le Lupercal, ou bien le Louure,
L'on dit que ce fuft le Dieu Pan
Qui luy donna ce nom Pimpan,
Sans plus tarder luy fuft monftrée
Vne foreft grande & facrée,
La Foreft de l'arc à ialer,
Ce nom n'eft pas tant fot ny laid,
Argus l'hofte y perdit la vie,
D'où vient fon etimologie,
Quoy qu'Euandre a peine à marchet
Il fuft au Tarpeian rocher,
Et puis fans efpargner la peine
Au Capitole fe promeine,

Il est d'or, dit-il, à present,
Mais iadis il fust mal plaisant,
Vn lieu tout ronce, & tout espine,
Vne retraite à Sauuagine,
Vn respect tres Religieux,
N'abandonnoit iamais ces lieux,
Les cœurs de nos peuples sauuages
Adoroient dés lors ces bocages,
Tremblants à l'aspect du rocher
Lors qu'ils le vouloient approcher,
Tu vois donc ceste forest verte,
Ceste colline si couuerte,
Il n'est rien de plus vray, sinon
Qu'vn Dieu dont ie ne sçay le nom,
Se plaist de faire sa demeure
Dans ceste plaisante verdure,
Tous mes Arcadiens ont crû
Que Iupin s'y fust apparu,
Auec des postures pareilles
Qu'on ramasse vn exain d'abeilles,
Secoüant battant de sa main
La roüille d'vn casque d'airain,
Le bruit qu'il faisoit de ses armes
Estoit des infaillibles charmes,
Afin de nous donner de l'eau,
Et faire pluuoir à plein seau,
Apres tout voy ceste ruine,
Regarde ce mur qui s'incline,
La masure & les fondemets,
De tous ces anciens monuments,
Lesquels ont conserué le lustre
De l'antiquité plus illustre,
Tout ce debris-là que tu vois
Fust de deux villes autrefois,
L'vne fust par Ianus fondée
Et le Ianicule nommée,
Saturne fust de l'autre Autheur
Et de plus son nominateur.

   Tant que l'vn parle, l'autre escoute,
Ils poursuiuoient ainsi leur route,
Et tandis qu'il en destalloit
Le pauure Euandre s'en alloit
Droit à sa mechante chomine
Passant par la belle Carine,

Des hales iusqu'au marché neuf
L'on entendoit beugler les bœufs,
Rome estoit alors toute pleine
De bestes de corne & de laine,
Moins de Romains que de troupeaux
Plus de cabanes que de chasteaux,
En fin vn lieu si venerable
Estoit fait tout comme vne estable,
Et se presageoit le bon-heur
De deuoir estre au grand Pasteur;
Estant venu deuant sa porte
Il complimenta de la sorte.

   C'est, dit-il, mon Palais royal
Et non le Palais Cardinal,
Alcide chargé de victoire
Et de despoüilles, & de gloire,
Me fit la faueur d'y venir,
Cét exemple & ce souuenir,
Doit faire en sorte que tu oses
Mespriser tant de vaines choses,
L'or, & l'argent, & les moyens,
Cher hoste, & grand chef des Troyens,
Ie croy que c'est ton seul merite
Qui te destine vn mesme giste,
Que ce Dieu print dans ma Cité
Où nonnobstant ma pauureté,
Ie soufmets tout à ta puissance
Reçoy l'offre auec complaisance,
Apres auoir fait ce discours
Mille reuerences & tours,
Mille complimens à sa guise,
Ie ne feray pas la sottise,
Dit Euander d'entrer deuant,
Vous la ferez sans compliment,
Vous la ferez Monsieur Ænée,
Bref ayant disputé l'entrée,
Chacun y portant ses raisons
Ce fust aux petites Maisons,
Que le grand Æneas on mene,
Euandre apres se met en peine
De le coucher commodement,
Et Maron raporte comment
Il eust pour chasser la froidure
Vne peau d'ours en couuerture,

De drap il ne t'en parle pas,
De tour de lict, de matelas,
Et moins encor de lict de plume,
Ie ne croy pas qu'il ne s'enrheume,
Couchant deſſus quelque rameau,
Ou quelque feüille d'arbriſſeau,
Voilà l'eſtat de ceſte couche
Cependant le Soleil ſe couche,
La nuict tomba ſoudainement
Et par vn ample ambraſſement,
Son aiſle noire ou brune enſerre
Tout l'Emiſphere de la terre,
Ie recognois dans ce tableau
Que la nuict doit eſtre vn oyſeau,
Car puis qu'on parle de ſon aiſle
C'eſt la chauue-ſouris femelle.

 Cependant que le monde dord,
Venus ne s'eſtonne pas fort,
Bien qu'elle ſe ſentit eſmeüe
De ce que le Latin remuë,
De ce qu'il faiſoit des defis
Et menaſſoit Monſieur ſon fils,
Mais à Vulcan elle s'adreſſe,
Et pour ioüer vn tour d'adreſſe
Vo'cy comme elle commença,
Dans ſon lict elle s'enfonça,
Et ſe coucha prés de ſon ruſtre,
Au lict d'or fermé de baluſtre,
Eſtant dedans ſon lict Ducal
Et tout enſemble coniugal,
Son maiſtre Iean elle caiolle,
Elle le baiſe, elle l'enjolle
Apres l'auoir bien mis en Ruth
C'eſt ainſi qu'elle diſcourut.

 Sçachant que par la deſtinée
Troye auoit eſté deſtinée,
Pour eſtre la proye, & butin
De tout ce qui fuſt plus mutin,
Parmy tous les peuples de Grece,
Que ceſte belle fortereſſe
Deuoit tomber ſoubs la rigueur
D'vn rude & d'vn cruel vainqueur,
Et qu'on la deuoit mettre en cendre,
Ie n'ay pas voulu l'en deffendre,

Quoy que ie viſſe mille efforts
Qui parſemoient les champs de morts,
I'ay veu la flamme, & le carnage
Et toute la ville au pillage,
Et pourtant (mes cheres amours)
Ie n'ay pas demandé ſecours,
Ie ne te fis iamais priere
D'auoir pitié de ſa miſere,
Ie ne voulus pas que ta main.
Se donnant de la peine en vain,
Ny demander en ta boutique
Des armes que ta main fabrique,
Bien que i'ay receu mille bien-s
De Priam, & de tous les ſiens,
Et que ie fondois toute en larmes
Quand mon fils ſuoit ſoubs les armes,
Vn inuiolable decret
Me donnoit vn zele diſcret,
Il n'eſt à preſent meſme choſe
Iupin autrement en diſpoſe,
Mon fils vient au pais latin
Par vn ordre exprés du deſtin,
Ainſi rien ne me fait deffenſe
De demander ton aſſiſtance,
Reçoy ma ſupplication
Seul obiet de ma paſſion,
Diuinité qne ie reuere
Regarde qu'vn amour de mere,
M'oblige d'agir à preſent,
Fais moy pour mon fils vn preſent,
Donne moy des armes completes
Qui l'aident à faire conqueſtes,
Mon eſprit ſeroit bien confus
Si tu me payois d'vn refus,
Puis que la fille de Nerée
Qui fuſt à Tithon mariée,
Euſt de toy pareilles faueurs
Et ſçeut te fléchir par des pleurs,
Tu peux voir ce qui m'intereſſe,
Tu ſçais la ligue qui ſe dreſſe
Les Fronderies & rumeurs,
Chaque lieu repare ſes murs,
Par tout les armes on deſroüille,
On fait garde, & ronde, & patroüille,

On

On n'entre sans bon passeport
En aucun lieu tant soit peu fort,
Et sçache que ceste tempeste
Va fondre sur ma propre teste
Puis que tous ces mechants viuants
Choquent mon fils & ses suiuants.
  Quand elle eust fait cette preface
Bras dessus, bras dessous l'embrasse,
De ses bras potelez & nuds,
Merueille les bras de Venus,
Estoient faits de la neige mesme,
Neige chaude au degré supréme,
Neige qui ne fond pas au feu
Quoy qu'on s'echauffe dans le ieu,
Mais Vulcan n'est pas trop sensible,
Et quoy qu'il soit plus combustible,
Pour estre basty de charbon,
Pourtant d'abord ce forgeron
Fust vn charbon froid comme neige,
En vn mot il faut que i'abrege,
La neige eschauffa le charbon
Car ils s'y firent tout de bon,
Vulcan ressembloit vne souche,
Mais enfin l'eau vint à la bouche,
Ces amoureux embrassements,
Et ces charmants chatoüillements,
De baisers plus chauds que la braise
Qui brusle dedans la fournaise,
Le reueillent tout en sursaut,
Et l'engagent à faire assaut,
Il ressent d'abord en son ame
L'effort d'vne ordinaire flamme,
Et de feux qu'il cognost assez
Dans sa moüelle sont passez,
C'est par ce moyen qu'on redresse
Des membres atteints de foiblesse,
Virgile dit hors de propos
Que ce feu parcourut ses os,
Car il s'enfonce & se resserre
Au nerfs de l'amoureuse guerre,
L'effet en feust tout aussi prompt
Que quand la nuë enfle & se rompt,
Et que la fraction tonante
Fait voir du feu dedans sa fente,

Dont l'éclat illumine l'air,
Bref c'est aussi prompt qu'vn esclair,
Venus ioüa de son adresse,
Et s'y fit plus que d'vne fesse,
Elle auoit veu dans vn miroir
Que ces beautez ont du pouuoir
Autant que iamais en eust femme,
Qu'elle est satisfaite la Dame?
Quand elle recognut l'effet
Que ses charmants attraits ont fait.
  Vulcan pour lors en eust dans l'aisle
Espris d'vne amour immortelle,
Perçant & percé iusques au vif,
Pere, mais pere putatif,
Respondit de ceste maniere,
Mamour, tu n'auois point affaire
De prendre le fait de si haut,
Car, ie te iure, il ne m'en chaut,
Comment le destin en ordonne
Ie t'aymay tousiours ma mignonne,
Et ie ne sçay pour quel sujet
Tu pourrois me tenir suspect,
Si iadis le soing qui te presse
T'eust fait agir contre la Grece,
Sans doute il m'eust esté permis
D'armer les Troyens tes amis,
Iupiter & la destinée
Dont la puissance n'est borniée
N'eussent pas esté deplaisans
De faire iniure encor dix ans,
Monsieur Priam dedans sa ville,
Si le debordement de Bile
Allume le feu dans ton sein,
Que si tu formes le dessein
De faire guerre à toute outrance,
Tout ce qui est sous ma puissance,
Et qui dépend de mon mestier
Les armes de fer & d'accier,
Enfin à part la Rhetorique
Ie t'offre toute la boutique,
Mes soufflets auec mes fourneaux
Enclumes, tenailles, marteaux,
Mais cesse d'vser de priere,
Ie mets tout mon soin à te plaire,

E

Commande moy tant seulement;
Ceste façon de compliment
Fait croire que ta foy chancelle,
Que tu ne me crois pas fidelle,
Et tres passioné mary;
Lorsque sa porole eust tary,
En abregeant il luy proteste
Que le porteur dira le reste,
Il parloit du cas genitif,
Elle en estoit à l'optatif,
Son mary la baise & l'embrasse,
Et tandis que le temps se passe
Sa personne est au subiunctif
Son plaisir à l'infinitif:
Mais il oublia sa grammere
Entre les bras de sa commere;
Ce Mareschal ou forgeron
Tout estendu dans son giron,
Où sur le sein, y sembloit boire
Ius de pauot ou dormitoire,
Ses membres en sont assoupis,
De frigidis . & encòr pis,
Ce fust ainsi que ceste rosse
S'acquita de faire la Nopce,
Enfin quand le premier sommeil
A minuict fit place au reueil,
Ce Dieu qui par les destinées
Regente sur les cheminées,
Et sur tout l'element du feu,
S'estoit eueillé depuis peu,
Le passe-temps de sa maistresse
Ne luy donna point de paresse
Quoy qu'il fust couché mollement,
Il quitte tout en ce moment
Ses beaux yeux, ceste belle gorge,
Sort du lict & court à la forge,
Il est en vn semblable soin
Qu'vne femelle ayant besoin,
De faire tirer la quenoüille
Afin que la dent ne se roüille,
Comme vne lingere qui coust,
Dés la minuict elle est debout;
D'abord par certaine coustume
Remüant la cendre ralume

Le feu qu'elle en auoit couuert
Afin d'y voir à découuert,
Apres s'estre vn peu seiournée
Ioint la nuict auec sa iournée,
Et son trauail est de retour
Quatre heure plutost que le iour,
La seruante est fachée & grogne
Donnant au Diable la besogne,
La lampe qu'on fait esclairer
Ne fait que la desesperer,
Il fit donc comme ceste femme
Qui n'a rien de plus cher en l'ame,
Que de garder la chasteté,
Et d'euiter la pauureté,
Qui par sa quenoüille, ou l'esguille
Veut nourrit toute sa famille,
Son mary la met en soucy,
Et messeurs ses enfans aussi.
  Pres de la coste de Sicile,
Ou Sicanie, on void vn isle
Qui se releue sur la mer,
On la souloit iadis nommer
Du nom de Vulcan Volcanie,
Elle est aussi pres d'Aeolie,
Le feu de ses ardans rochers
A serui de phare aux Nochers,
Elle fust de charbon de pierre,
Ses concauitez dessous terre
Nourrissoit vn embrasement
Qui la creusoit incessamment,
C'est là des Cyclopes la forge
Outre que la flamme en regorge,
On fait vn bruit continuel
Aux autres de ce Mongibel,
Tousiours la forge brusle & fume,
Le marteau frappe sur l'enclume,
Ils batent à grand tour de bras,
Le coup fait voler les esclats,
Et fait braire en l'air l'esteincelle
Qui sort du fer que l'on martelle,
Du fer ardent, ou de l'acier;
Le Dieu tout puissant au brasier
En fit son hostel en sa vie
Ruë de la Ferronnerie,

C'est-là qu'il vint par le clocher
Sortant du celeste plancher,
En ce grand cachot de Cyclope
Bronse, Pyracmon, & Sterope
Manioit le fer, & le feu,
Pyracmon s'y faisoit tout nu,
Ils trauailloient alors vn foudre
Dont Iupin met la terre en poudre,
Il estoit d'vn seul costé fait,
De l'autre il estoit imparfait,
Mais ils faisoient à l'heure rage
Afin d'aduancer leur ouurage,
Trois rayons de pluye ondoyants,
Trois de feux, & d'sclairs brillants,
Trois autres rayons d'vne essence
D'vn vent d'extreme vehemence,
Et trois d'vn nuage plein d'eau
Estoient desia dans le fourneau,
Ils mesloient à cette matiere
Le bruit, la crainte, & la colere,
Et mille effroyables flambeaux
Figurez comme serpenteaux
Portans l'horeur & la menasse
Par tout où la machine passe
Ou pour mieux dire ce grand fleau
Plus rouge qu'vn as de carreau;
D'vn autre part de la boutique
Chacun d'eux à l'enuy se pique,
A faire vn chariot à Mars
Ils veulent qu'hommes & remparts,
Tremblent en voyant ceste piece,
Ils ont enfermé la vitesse
Aux roües qui le font aller
Ou plustost qui le font voler,
Mais auant de pousser la barque
Il faut icy que ie remarque,
En preuenant Monsieur Scarron
que Vulcan fust iadis Charron,
Ainsi Charrons rendez hommage
A ce bon Dieu du Cocuage,
Ils estoient empressez ailleurs
Sur vn armet tont des meilleurs,
Pallas deuoit auoir ces armes
Pour se couurir dans les allarmes,

Elles ont tousiours auec soy
La crainte, l'horreur, & l'effroy,
Le desespoir, les funerailles,
Apres ils le couurent d'escailles,
Et le dorent fort richement,
Ioignant la force & l'ornement,
En suitte dequoy l'on attache
Et son aigrete, & son panache,
Auec des tresses de serpents
Qui semblent estre encor rempant
Et pour son cimier l'on luy donne
L'affreuse teste de Gorgonne,
'qon eust dit mesme apres sa fin
Qu'elle a conserué son venim
Tournant les yeux sur la poictrine
De cette Amazonne diuine.
  Mettez, dit-il, tout a l'escart
Laissez-moy ce trauail à part
Cyclopes d'Aetna, noire bande,
Et prenez ce que ie commande,
Il faut armer vn puissant corps
Vn corps d'vn mortel des plus forts,
Il faut que chacun s'y surmonte
Et qu'on y mette la main prompte
Et tous les secrets du mestier,
Pour equiper vn grand guerrier,
C'a donc que le fer on empoigne,
Et que lon presse la besoigne,
Vulcan ne dit qu'vn petit mot
Et tous s'y prirent aussi-tost,
Pour se despecher dauantage
Entr'eux le trauail se partage,
Les vns allument le fourneau,
Où l'airain coule en vn ruisseau
L'acier dont l'atteinte est mortelle
Et l'or fondu tout pelle-mesle,
L'on forme vn grand bouclier de teu
Qui tout seul doit venir à bout
Brauer les traits & l'arbaleste,
Que le soldat latin apreste,
Sept bandes formées en rond
Où l'vne en l'autre se confond
Rendent belle, & forte la targe,
Les autres ont prins autre charge,

Leur perpetuel mouuement
Attire, & repousse le vent,
Vn tour de main le soufflet enfle,
Et vn contraire le desenfle,
L'autre mouille & trempe le fer
Apres l'auoir fait bien chauffer
Et le feu fait du tintamarre
Quand l'eau le chasse de la barre,
Enfin c'est vn estrange bruit
Que ceste fabrique produit,
Il semble que le cachot pleure
Pour les coups que l'enclume endure,
Tous frapent haussant leur bras noir
De toute leur force & pouuoir,
Mais iamais marteau ne balance
Que pour retomber en cadence,
Dessus la matiere & le fer
Qu'on tourne, & tient sans y toucher
Car on tourne auec la tenaille
La masse de fer qu'on trauaille.
    Tandis qu'au bord Aeolien
Nostre bon pere Lemnien
Pousse, precipite, & galoppe
Les coups de marteau de Cycloppe,
Euandre est dans son logement
En son petit apartement,
Il void le iour par quelque fente,
Entend l'hirondelle qui chante
Vn gasouillis melodieux,
Ce vieillard frote vn peu ses yeux,
Se leue sans valet de chambre,
Il couure iusqu'au moindre membre,
D'vne casaque ou casaquin,
Met à ses pieds le brodequin,
Ie croy qu'il portoit la sotane,
Et qu'à la mode de Toscane
Il ne portoit point de souliers,
Et que ses pieds estoient liez
Auec des souliers de ficelle
Sans talon à simple semelle,
Item pour faire le fendant
Prit son espée & le pendant,
Ce braquemart ou cette espée
Auoit esté de feu Tegée,

Dont la lame estoit d'vn vieux loup
Qui donnoit vn aussi grand coup
Que Durandal ou Haulteclaire,
Il prit la peau d'vne panthere
Qui retroussée descendoit,
Et sur le bras gauche pendoit,
Il sort, mais il ne se hazarde
Qu'il n'ait son regiment de garde,
Ce Prince vieillard & grison
Eust deux chiens de la garnison
De sainct Malo dans la Bretagne,
Et l'vn & l'autre l'accompagne,
Il marche comme vn Garde seaux
Auec deux amez & feaux
Ayant tousiours dans la pensée
Son entretien auec Ænée,
Ainsi tandis qu'il cheminoit
Dessus ce fait il ruminoit,
Et tout pensif il court & troue
Au grenier où couchoit son hoste,
Il y fut suiuy de Pallas,
Æneas qui ne dormoit pas
Conferoit auec son Achate,
Ces deux bons enfans de la mate
Leuez dés le Soleil leuant
Leur vint bien viste au deuant,
Tous tenans à la main la toque
Firent compliment reciproque,
Mais afin de le trancher court
Tous quatre s'estans dit bon-iour,
Et touché-main par aliance
Entrerent en la conferance,
Au milieu du grenier debout
Ils se resolurent de tout,
Où se voyaut libres de monde
Chacun esta la sa faconde,
Et le Roy comme de raison
Fit le premier ceste oraison.
    Quandoquidem La gent Troyenne
N'eust onques meilleur Capitaine,
Que toy, qui leur as suruescu,
Pour auoir sceu monstrer le cu
En vne honorable retraite
Leur Illion n'est pas defaite,

Son

Son Sceptre n'eſt pas abbatu,
Pour auoir eſté combatu
Autant que le farcin fertile
Pour vn bouton il en vient mille
Si Dieu te donne la ſanté
L'on verra ſon bien augmenté,
C'eſt pourquoy lors que ie compare
Ta valeur & ton nom ſi rare,
Auec moy petit potentat,
Ou bien auec mon foible eſtat,
Le Tybre icy borne ma terre
D'autre part le Latin me ſerre
Allarmant mes murs & mes tours,
Ie n'oſe t'offrir du ſecours,
Car ma puiſſance eſtant petite
Ne reſpond pas à ton merite,
Mais ie trauaille en autre part,
Pour mettre ſous ton eſtendart
Vne nation beliqueuſe,
Tres puiſſante & qui n'eſt pas gueuſe,
Et ie tiendrois pour vn abus
Tous les oracles & rebus
Si ſa reſource inopinée
Conduite par la deſtinée
N'eſt en ton inuinſible bras,
Et ſi tu n'en fais tes choux gras,
Apres Euandre n'euſt pas honte,
De s'engager à faire vn conte
Mais qui fuſt aſſez pertinent;
En vn lieu, dit-il, éminent
Qu'on void en noſtre voiſinage,
Tous les habitans de la plage
Ont porté leurs commoditez,
En vne cité des citez,
Dans vne fort plaiſante ville
Qu'autre fois on nommoit Igille,
Elle eſt dans le pays Toſcan,
Et recognoiſt pour ſa mamman
La tant beliqueuſe Lydie,
Dont elle eſt vne Colonie,
Elle fuſt grande aſſez long-temps
Et d'armes & de paſſe-temps,
Mais il n'eſt d'affliction pire
Que fuſt la ſienne ſous l'Empire

D'vn Prince à la verge de fer,
Qu'on voyoit touſiours s'eſchauffer,
Tant en fierté, qu'en arrogance,
Ce fuſt le regne de Mezence,
Ie ne veux pas me ſouuenir
Moins auſſi vous entretenir
Des maux, & de la barbarie,
Qu'il fit pendant ſa tyrannie,
Sa quarte generation
Doit ſouffrir la punition
De tant de rage, & de malice;
Les Dieux luy gardent ſon ſupplice,
Ie vous veux parler ſeulement
D'vne inuention de tourment,
Il attachoit vn homme en vie
Auec vn mort de la voirie,
Genre de martyre inhumain
Il adiuſtoit main, à la main,
A la bouche, il coloit la bouche,
Chaque membre, à ſon pareil touche,
Ainſi le viuant ambraſſant
Vne charoigne qui ne ſent
Que le pus, & la pourriture,
Souffroit la mort tres longue, & dure,
  Cette cruelle inuention
Fit mouuoir la ſedition,
Ses ſubiets tendirent les chaiſnes
Laſſez de tourments & de peines,
qes barricades de tonneaux
Baſtirent autant de tombeaux,
Pour metre cy giſt la regence
Du Tyran infame Mezence,
Et pour punir ce deſloyal
Ils pouſſent au Palais Royal
Où l'on fit autant de ruine
Comme dans l'hoſtel de Luyne,
Car apres l'auoir aſſiegé
Sans doute qu'on l'euſt aggregé
Entre ceux que le fer conſomme
Que la fureur du peuple aſſomme,
S'il ne fuſt ſorty finement,
Au trauers de l'embraſement,
Parmy les morts, & le carnage,
Il fuſt demeuré pour le gage,

E

Mais il garentit son balot
Beaucoup mieux que l'exempt Picot,
En declinant pedes & gille,
Il courut chercher son asile
Vers Turne, dont la nation
Luy donne sa protection,
Ayant armé pour sa deffence,
Mais la Toscane s'en offence,
Son iuste & vif ressentiment
S'oppose à tout cét armement,
Elle a des troupes en campagne
Et comme dans la grand Bretaigne,
L'on voudroit faire le procez
A ce Roy qui les a rossez
Ie pretends donc Monsieur Ænée,
Te faire chef de cett' armée,
Desia le nombre des vaisseaux,
Fait vne forest sur les eaux,
Tous crians qu'on parte & qu'on aille
Voudroient desia donner bataille,
Leur diuin quoy que vieux resueur
Rallentit leur fougueuse ardeur,
Il forme au depart vn obstacle
Par la responce de l'oracle,
C'est ainsi qu'il leur fait rapport
De ce qu'en ordonne le sort,
Vous belle elite de ieunesse
Vous blanche fleur de la vieillesse
Braues enfin ieunes & vieux
A qui Mezence est odieux,
Auecque beaucoup de Iustice
Pour les excez de sa malice,
Qui poussez de iuste douleur
Poursuiuez auecque chaleur
L'ennemy de vostre patrie,
Sçachez que pas vn d'Italie,
N'est appellé par le destin
Pour mettre l'entreprise à fin,
Ou pour obtenir la victoire
D'vn peuple si ialoux de gloire,
Il faut auoir dans ces dangers
Des capitaines estrangers,
La peur qu'on a de cét augure,
A fait que l'armée demure

Qu'elle a fait alte dans le camp,
Tarchon m'a mandé sur le champ
Me depeschant vne ambassade
Pour me venir faire parade,
Et l'offre du sceptre Toscan,
Où l'on me veut faire grand Can,
Il me semond que ie me rende
Dans le camp & que i'y commande,
Mais l'âge ne me peut souffrir
Le sceptre qu'on me vient offrir,
Mon bras ressent trop de foiblesse
Pour exploiter quelque proüesse,
I'y pourrois engager mon fils,
S'il n'estoit par malheur Metis,
Ie l'ay fait à l'Arcadienne
C'est à sçauoir par la mor-dienne,
Comme vn bon asne debasté,
Mais il n'est de l'autre costé
Ou de lestoc de sa feu mere
D'vne nation estrangere,
Car Sauelle a donné le iour
A celle à qui ie fis l'amour;
Toy qui iouys de l'aduantage
D'estre dans la vigueur de l'âge,
Qui possedes la qualité
Que requiert la fatalité,
Estant d'vne race estrangere,
Le Ciel t'apelle à ce mystere,
Embarque toy là de bon cœur,
Il faut que tu sois protecteur
Des Troyens, & de l'Italie;
Quant à moy, l'espoir de ma vie
Pallas support de mes vieux ans,
Ie veux qu'il soit de tes suiuans,
Qu'il ait l'honneur sous ta bänniere
De s'instruire en l'art militaire,
De s'accoustumer aux hazards
Parmy la fatique de Mars,
Permets luy donc qu'il t'acompagne,
Et qu'à sa premiere campagne,
Se trouuant aux occasions
Spectateur de tes actions,
Il les admire, & les contemple,
Pour profiter de ton exemple

Ce n'eſt pas vn ſimple Cadet
Qui te ſuiuta ſur lou videt,
Ie veux qu'en ma gendarmerie
Et parmy la fleur d'Arcadie
Il ait choix de deux cens cheuaux
Qui le ſuiuront dans ſes trauaux,
Outre deux cens d'vne autre bande
Qu'en particulier il commande,
Qu'il te menera de ſon chef
Qui te reconnoiſtront pour chef,
Et ne croy pas que ie te Iaſe,
Ny que ie t'appelle cap d'aſe
Te qualifiant dans ces vers
Le chef de mes cheuaux-legers,
Car ma foy c'eſt vne aſnerie
De dire que dans l'Arcadie
Tout eſt mulets & bourriquez,
Ainſi, Monſieur, ne vous piquez
Nous auons cheuaux & cauales
Aſſez forts pour porter les maſles,
Mais quand ie ferois mes deſſeins
De te fournir de Medecins
Quatre cens gendarmes ſur mules,
Ils te vaudroient autant d'Hercules,
Ils tuent tout par recipé,
Enandre s'eſt emancipé,
Mais il finit la raillerie
Qu'il fit de ſa caualerie;
Æneas s'en eſt aduiſé
Il en eſt tout ſcandaliſé,
Dont peu s'en faut qu'il ne ſe pique,
Il en deuient melancholique,
Achate & luy ſe regardans
Des yeux la colere d'ardans,
Ne peuuent digerer l'iniure,
Et reſuent ſur ceſte aduenture,
Vn petit mouuement de peur
Les guerit de ce mal de cœur,
Car le Ciel ſe fend & s'entr'ouure,
Madame Venus ſe découure
Et leur donne vn ſigne bien clair,
Ils virent briller vn eſclair,
Qui deuance vn coup de tonerre
D'où ſuit vn tremblement de terre,

Les maiſons, les tours, le clocher,
Et tout leur ſemble s'éſlocher,
Ils croient qu'vn trompete ſonne,
Et que du bruit l'Echot reſonne,
Ils hauſſent la teſte & les yeux,
Affin de s'en eſclaircir mieux,
Mais on vid la meſme lumiere,
Derechef il tonne, il eſclaire,
Des armes de fer & d'airain,
En vn coin du Ciel bien ſerein
À coſté d'vne eſpaiſſe nuë
Leur faiſoit esbloüyr la veuë,
A meſme temps le gantelet
Serra le poing, frappa l'armet,
Et de redoubler ne ſe laſſe
Pour mille coups ſur la cuiraſſe
Le bouclier frappoit les cuiſſals,
Les cuiſſals battoient les braſſals,
En vn mot ces armes completes
Font plus de bruit que les tempeſtes
Chacun des preſens s'eſtonnoit
Se perſuadant qu'il tonnoit,
Le Heros de race Troyenne
Ne s'en mit en aucune peine,
Il cognoiſt bien d'où le burit vient,
Et de là meſme il ſe ſouuient
De la parole & la promeſſe
Qu'a fait ſa mere & ſa Deeſſe,
Apres il diſcourut ainſi.
Cher hoſte ne ſois en ſoucy,
Et ne t'enqueſte dauantage
De ce que le cas nous preſage,
C'eſt à moy que le Ciel en veut
Ainſi ma Mamman y pourueut,
Et me promit en cas de guerre,
Vn ſigne d'eſclair, & tonnerre
Quand elle porteroit dans l'air
La pique, qu'il me faut branſler,
Armes complettes & la lance,
Bref ce qu'il faut pour ma deffenſe,
Ces armes qu'à fait ſon mary,
Ont fait ce grand chariuary,
Si quelquefois ie les endoſſe,
L'on verra toſt comme ie reſſe,

Puis il va dire sur ce ton
Pour faire tousiours le Gascon,
Ha Latin, tu n'es qu'vn visage
 Tu verras bien-tost du carnage,
Et Toy Turnus foible & flouet
Que ie te sangleray le foüet,
I'aualeray mainte charrette
Et canons à la vinaigrete,
Toy pere Tybre que de morts,
Combien rouleras tu de corps,
Combien de boucliers & salades,
De ceux qui sans estre malades,
Auront cimetiere & tombeau
Tout au plus profond de ton eau,
Et sçache que ceste canaille
Me verra bien tost en bataille,
C'a que ces Toscans atroupez
Rompent tout à l'heure la paix,
    Ayant gasconé de la sorte
Il sort de sa place, il s'emporte,
Mais il n'est pas si furieux
Qu'il ne recognoisse les Dieux,
Vn feu qui couue & qui ne brusle
Estoit dessus l'Autel d'Hercule,
Æneas par deuotion
En fit grande inflammation ,
Puis s'addressant aux lars, aux coines,
Aux Penates, aux antimoines,
Il a bien gay sollicité
Leur moindre, & basse Deité,
Et suiuant l'vsage des festes
Il leur fit egorger deux bestes,
Euandre, autant pour le brodeur,
La ieunesse estoit en odeur
D'estre pour lors assez deuote,
Celle de ce temps est bigote,
Donc la ieunesse d'Ilion
Fit aussi sa deuotion,
Ænée ayant fait ces grillades,
Alla reuoir ces camarades,
Lesquels attendoient dans les nefs,
De ces gens-là, ce braue chefs
Fit vn regiment qui l'entoure
Par tout où pousse sa brauoure,

Il choisit ce qui vaut le mieux,
Le reste luy fit ses adieux,
Les nefs s'en vont sans pener guere,
Au descendant de la riuiere,
Et ceux qui retournoient par eau,
Portoient ce qu'ils ont de nouueau,
Par eux Ascaigne aprit l'affaire,
Et sçeut la santé de son pere.
    Vn beau marché de samedy
Vne heure ou deux apres midy
Iamais tant de cheuaux à vendre,
Les Troyens les furent tous prendre,
Pourtant apres les auoir pris
Ils payoient vn honneste prix,
(Donc quand ils furent en Toscane
Ils ne cheuauchoient pas là cane)
Dans ce grand nombre d'animaux
L'on prit vn des meilleurs cheuaux,
De taille proportionnée,
Pour monter Monseigneur Ænée,
Il ne fut moin noble que beau,
Il ne pouuoit dedans sa peau,
Ce fut le suiet qu'on luy donne
La peau d'vn lyon ou lyonne,
Pour faire vn bon habillement
A ce fils aisné de iument,
Les ongles de ces peaux, ou housse,
Estoient d'or ou de couleur rousse,
Ceste nouuelle cependant
Dedans la ville se repand,
Comme elle est petite, sans peiné
De ce bruit fust aussi tost pleine
L'on dit que ces gens de cheual
Dont Ænée est le general,
Doiuent marcher sans tarder guere
Droit à la Toscane frontiere,
Les meres de ceux qui s'en vont
Pour l'allarme & peur qu'elles ont,
Vont redoubler à ces nouuelles
Leur vœux d'offrandes & chandelles,
Si l'ordre se pouuoit changer,
La peur deuance le danger
Et Mars leur monstre son visage
Couuert de feu, de sang, de rage.

                                Ainsi

Alors des peres le meilleur,
Euandre eſmeu de ſon malheur,
En ſerrant la main ſi cherie
De celuy qui luy doit la vie,
Pleura tout ſon ſaoul comme vn veau,
Et fit renifler le naſeau ;
Parmy ſes ſanglots & ſes larmes
Il parle ainſi de ces alarmes,
Iupin grand Maiſtre des ſecrets,
Si tu me donnois les regrez
Dans mes floriſſantes années,
Et ſi mes forces ramenées,
Me rendoient encore tout tel,
Que i'eſtois dedans ce duel
Qui fuſt ſi ſanglant & funeſte,
Lors que ſous les murs de Preneſte,
Heril, lequel en fut Roy
Fut déffait & tüé par moy,
C'eſt choſe difficile à croire,
Et bien horrible dans l'hiſtoire
Dans l'original de Maron,
Sa mere Dame de Feron
Mit en ſa grande corpulance
Trois ames lors de ſa naiſſance,
Peut eſtre pour ne pas mentir
Qu'vne fut l'ame pour ſentir
Que l'autre fut la vegetable,
Mais il n'euſt pas la raiſonnable
Car c'eſtoit bien pis qu'vn demon,
Ie le mis pourtant à raiſon
Ie le defis & ſes gauaches,
Ie me chauffay de leur rondaches,
Iamais ne fut plus grand combat
Lors que ie croyois qu'il tombaſt,
Et qu'il eſtoit mort ſous les armes,
Quelque diaboliques charmes
Luy remetoient vne ame au corps
Ou bien vn demon des plus forts,
Lors ie l'attaquois de plus belle,
Luy portois la botte mortelle,
Mais il reſuſcitoit plus frais,
Et nous ioüyons à nouueaux frais,
En fin dans la tierce bataille
Chamaillant d'eſtoc & de taille,
Ie mis dans les derniers abbois
Cett' ame qui reuint trois fois,
Ceſte main de l'âge affoiblie
Le priue d'armes & de vie,

Si i'eſtois en ce meſme eſtat
Ie ne ſçay rien qui m'arreſtât,
Il n'eſt rien que la ſeule biere
Qui ſeparaſt ton pauure pere,
Et qui peut le faire paſſer
Du bien qu'il a de t'embraſſer,
Si pour lors mon voiſin Mezence
M'euſt voulu faire vn inſolence,
Ie n'euſſe manqué d'eſtouffer
Ce Tyran abuſant du fer,
D'en arreſter la boucherie,
Et d'empeſcher la tüerie,
Dont il depeuploit les Citez
Et rendoit bourgs inhabitez,
Mais ie me rends à ma vieilleſſe,
Cieux c'eſt à vous que ie m'adreſſe,
C'eſt à vous tres grand Iupiter
Qui pouuez les Dieux regenter,
Prenez compaſſion d'vn pere,
Daignez exaucer ſa priere,
Vn pauure Prince Arcadien
Vous requiert de grace ce bien,
Si voſtre volonté diuine,
Ou ſi le deſtin n'extermine
Palas & ſi voſtre pouuoir
Me reſerue encore de le voir,
Ie vous prie approuuez l'enuie
Que i'ay de prolonger ma vie,
Affin de reuoir de retour
L'vnique obiet de mon amour,
Il n'eſt plus rien que ie redoute
La fievre quarte ny la goute,
Ie ſouffre tout auec plaiſir,
Si i'ay l'effet de mon deſir,
Que ſi la Deeſſe fortune,
Garde auec moy quelque rancune
Ou qu'elle menace mon front
De quelque ſanglant affront,
De quelque ſiniſtre diſgrace,
Ie vous demande ceſte grace
Que mes iours & mon triſte ſort
Soient interrompus par la mort,
Tandis que mon eſprit balance
Entre la crainte & l'eſperance,
Que l'eſpoir veut m'entretenir
D'vn bon & flatteur aduenir,
Que s'il faut mourir que ie meure
En embraſſant ma geniture

Mon seul vnique & vray soulas,
Mon fils, mon aimable Pallas
Et que i'expire sur sa bouche
Auant qu'vn coup mortel me touche,
Et qu'vn trop funeste courrier
Porte la mort de ce guerrier;
A ce mot le bon homme pasme,
Et l'adieu luy suspendant l'ame
Il cheut à terre & ses valets
Le remporterent au palais.

    Lors Æneas pere d'Ascaigne
Achate aussi marche en campagne,
Caualliers & nobles Troyens
Quitent & ville, & Citoyens
Pallas au milieu des gens d'armes
Paroist sous de brillantes armes,
Qu'il auoit fait bien rafiner,
Historier, damasquiner,
Il a casaque ou hangreline,
Il est remarquable à sa mine
Autant ou plus que Lucifer,
Non pas que celuy de l'Enfer,
Ou du feu du centre du monde,
Mais bien celuy qui sort de l'onde,
Et qui nous ramene le iour,
Pour qui Venus a tant d'amour,
Que sa fauorable planette,
Cherit d'amitié tres estroite
Sur tous les feux du firmament,
Qui sort de l'humide element
Pour recommencer sa carriere
Et nous rapporter la lumiere,
Deuant que l'obscurité fuit
Incompatible auec la nuict.

    Les meres toutes desolées
Estoient dés l'instant auolées
Sur les murs & les bastions,
Pour voir partir ces champions,
Elles suiuoient de la paupiere
Les nües que fait la poussiere,
Portant leur humides regards
Au trauers de ces grands broüillards
Sur l'airain qui brillant esclate,
Par ainsi leur douleur se flatte,
Doncque tres-tous estant dehors
Formoient leur escadron deslors
Tout pique son cheual, ou rosse,
Il n'est gend'arme qui ne brosse

Au trauers bois, vignes, & champs
Autant les bons que les mechants,
Mais les bons ont cét aduantage,
Qu'ils peuuent courir d'auantage,
Le bon cheual bondit en l'air
Meut la poudre & la fait voler,
Et dans le broüillard s'enuelope
Quand bat du pied, trote & galope,
Bref il n'est bruit par monts & vaux,
Que d'henni ssements de cheuaux.

    Vn beau, grand, & sacré bocage
S'esleuoit dessus le riuage
D'vn fleuue, ou d'vn ruisseau gelé,
Du nom de Ceris appellé,
La pieté de nos Ancestres
Y mit des Autels & des Prestres
D'où l'on croit que ce bois est sainct,
Il est de toutes parts enceinct
De costaux, valons, & vallées,
Et mille sapins en allées
Y font deux ou trois fois le tour
Le deffendant contre le iour,
Vne legende tres expresse
Enseigne qu'vn peuple de Grece,
Qui iadis, & tout le premier
Mit ce pays dans son terrier,
Consacra cette saincte place,
Et puis chomma la dedicace,
A l'honneur & nom de Syluain,
Qui fut le patron souuerain
De toute espece de pecore,
Et que l'agriculture adore,
Tarchon n'en estoit pas fort loing,
Où les Toscans auoient pris soing
De se camper en asseurance,
On y trouuoit vne éminence,
D'où l'on voyoit fort aisément,
L'ordre de leur décampement,
Et la demarche de l'armée
Qui s'apprestoit pour ioindre Ænée,
Ses gens & luy marchoient tout droit
Les rencontrer en cét endroit,
Et l'on diroit sans peine en prose,
Qu'il ordonne qu'on s'y repose,
Qu'hommes & cheual & jument
Tout prenne rafraichissement,
Se delassans de la coruée,
Mais voicy Venus retrouuée

Dans vne guillée de Mars,
Au trauers de certains broüillards,
Elle se guinde auec vistesse,
Ceste belle & blanche Deesse
Portoit à son fils vn present
Dont il ne sera deplaisant,
Au moment que venoit sa mere,
Il s'en alloit tout solitaire
La teste pleine de tintorin,
Cherchant le plus desert recoin
A l'escart de ce froid riuage,
Elle y voyant le personnage,
Prit son corps de charnalité,
Car autrement sa deité
Eust esté tousiours inuisible,
Soubs vne personne visible
A son fils elle s'apparut
Et puis ainsi luy discourut.

 Digne fruict d'vne mienne couche
Reçoy ce baiser de ma bouche,
Tu vois sans plus long entretien
Si ie suis Deesse de bien,
Si ie ne tiens pas ma parolle,
Voicy le present assez drolle,
Que mon mary ta fait forger,
Il faut mes-huy tout esgorger,
Tous les latins, Turne, & Turene,
Ne crains pas quoy qu'on entreprenne,
Les Allemans, Rose, ny Clou,
N'oseront plus faire le fou,
A l'esclat de ses armes seure
Va fondre comme fait le beurre,
Elle finit son compliment,
Et par vn doux ambrassement
Dissoult la vision soudaine
Laissant les armes soubs vn chesne.

 Æneas cligne vn peu les yeux
A l'esclat du fer radieux,
Mais pourtant rauy dans son ame
De l'honneur que luy fait la Dame
Il ne peut saouler ses regards,
Il les l'orgnoit de toutes parts,
Sa main, son bras les tourne vire
Il voit ses armes, il admire,
Il contemple vn terrible armet
Qui porte dessus le sommet
La creste d'vn coq ou sa plume,
Qui vomit la flame, & qui fume,

Puis le jarnac ou le damas
Qui donne à tout coup le trespas
C'estoit la tres grande rapiere
Qu'on recognois pour la grand mere
Du braquemart de Iodelet,
Il est rauy du corcelet,
Le cuiure en estoit la matiere
Le sang, sa couleur ordinaire,
Vn gros geant l'endosseroit,
Son éclat brillant esclairoit
Et ietoit aux yeux la barluë,
Autant que feroit vne nuë,
Ou comme en vn falot serrez
Le soleil enferme ses rais,
Vn Cordonnier ne sçauroit faire
La botte tant forte & legere
Qu'il admire & regarde encor,
Elle estoit toute d'ambre & d'or
Et d'or de biscuit que l'on sçache,
C'estoit bien la plus riche vache,
Que Conroyeur ait appresté,
Son œil est encore arresté
Sur la lance & sur la rondache,
Et ie sçay bien qu'en vain ie tache,
D'en faire la description,
Et dire sa construction ;
Le Dieu tout puissant sur la flame
En auoit ordonné la trame
Ce Dieu qui lit dans l'aduenir,
Qui sçait ce qu'on doit deuenir,
Et qui void tout dans le grimoire
Auoit escrit sans escritoire
Tout ce que Flore ou Coiffeteau,
Ou Tite-liue ont de plus beau,
Vn tas d'actions heroïques
Qu'auoient fait les Romains antiques
L'on void aussi dans son tissu
Tout ce qui d'Ascaigne est issu,
Les combats, triomphes, victoires,
Que Rome a mis dans ces histoires,
Combien elle a versé de sang,
Ses guerres s'y lisent de rang ;
In capite libri se trouue,
L'heureuse couche d'vne Louue,
Qui gist dedans l'antre de Mars,
Aussi verd que des espinars,
Deux iumeaux estoient autour d'elle
Se ioüans auec l a mamelle,

Ils en eſtoient pendus au bout,
  Et la lechoient d'vn tres haut gouſt ,
  Ces fils de Dame putainuille
  Branſloient non plus que la baſtille,
  Elle auſſi d'vn tres rare amour
  Les lechoit chacun à ſon tour,
  Elle courboit ſon encolure,
  Pour s'aider mieux de la poſture,
  Sa langue pretendant ſa part
  A l'acheuement de ce part.
      Pres de l'antre & de la nourrice
  Rome commence ſa baſtiſſe,
  Et l'on y void quelques Paſteurs
  Qui s'en diſent les fondateurs,
  Faire forces alliances
  Au milieu de leur ieus Circenſes,
  Car bruſquement ces vieux Rabins
  prirent les femmes des Sabins,
  Ayant prié le voiſinage
  D'eſtre au Landy de leur village,
  Ces matois & ces bons poulets,
  Au lieu de dancer tricotets,
  Sans dementir leur origine ,
  Comme eſtans de race lapine ,
  Voulurent faire vn plus beau coup
  Et danſer le branſle du loup,
  Ce fut donc vne belle farce
  De voir prendre à chacun ſa garce ,
  Surquoy ces Meſſieurs les Sabins
  Ne ſouffrant pas d'eſtre ianins,
  Que Romule & ſa populace
  Les ioüaſt comme à leur vieux Tace,
  Craignant qu'eſtans deuenus veaux
  Ils les metroient dans leurs troupeaux
  Chacun court à ſon cimeterre,
  Et de là commence la guerre,
  Mais enfin leur fureur s'abbat,
  Leurs Roys renoncent au combat,
  Et voicy la ceremonie
  Et comment la paix ſe publie,
  Ayant aſſemblé les amis
  On leut au long vn compromis,
  Ou bien contract de mariage
  Ce dernier vaut pas dauantage,
  Et pour appaiſer les eſprits
  Fut dit quiconque a pris a pris ,
  Apres tout arme chacun iure
  Vne amneſtie de l'iniure,

Prenant à teſmoin Iupiter
De la paix qu'on vient de traiſter,
Chacun des Roys eſt dans la troupe
Tenant en main la pleine coupe
Tout boit à tire larigot
Mangeant la tranche d'vn gigot
Qu'on coupa d'vn pourceau femelle,
Son propre nom iambon s'appelle,
    A propos de mort de pourceaux,
Vn autre s'y void par morceaux
Albanois qu'en ce lieu vous plaiſe
Retenir bien la parentheſe,
Vous auez le dit & dedit,
Comme vn Normand à ce qu'on dit ,
Vous ne baillerez plus la cole
L'on vous fera tenir parole ,
Car Mece ayant eſté Normand,
Et s'eſtant dédit mechamment,
Ou bien fait pis par aduenture
En ſouffrit la peine bien dure,
On lit dans les originaux
Qu'on le tire à quatre cheuaux,
Que Tule a traiſné ſes entrailles
Dans la foreſt par les broſſailles,
Et qu'en effet le ſang paroiſt
Sur les buiſſous de la foreſt.
    Le bouclier rend auſſi notoire
Feu Tarquin d'heureuſe memoire,
Ce bon Roy qui fut mis à cu,
Pour n'auoir rien fait qu'vn coquin ,
On y void Porſena qui ſomme
De le reuoir dedans Rome ,
Le refus le rend enragé
Le lieu fut ſoudain aſſiegé ,
Or ſi dans ſon humeur brutale
Il auoit eu Monſieur le Rale
Comment diable il auroit preſſé
Le Romain eſt bien empreſſé,
On le void dedans cét ouurage
Qui court & s'expoſe au carnage ,
Pour maintenir ſa liberté
Auec opiniaſtreté ,
Le fer quoy que matiere morte
Eſmeut ce Prince & le tranſporte,
L'on y voyoit le mouuement
De ſa rage & forcement,
Tout en le menaſſant il l'orgne
Meſſire Coclés , ſiue borgne,

Ce

Ce fut vn demy quinze vingt
Qui le frota bien quand il vint,
Ce méchant borgne fit la rage
En s'opposant à son passage,
Car il se bastit sans second
Cependant qu'on coupoit le pont,
Clœlie augmente sa colere
Quand elle passe la riuiere,
Et qu'elle se sauue en nageant
Trompant le guet de l'assiegeant,
Mais ie ne croy pas qu'vne Vierge
Entre en eau sans qu'elle submerge
Parce qu'vn trou dans vn vaisseau
Le coule à fonds, en prenant l'eau.

  Manlius gouuerneur de place
Braue capitaine fracasse
Paroist au Tarpeian rocher
Et n'en laissoit rien approcher,
On l'y void peint en sentinelle
Au plus haut de la citadelle,
Il gardoit bien deuotieux
Le capitole, & tous les Dieux,
C'estoit vn royal édifice,
Son couuert de chaume s'herisse
Romule en son commencement
Couuroit ainsi le bastiment,
Depuis l'on fit la galerie
De Tableaux & d'or enrichie,
Et certes il l'a fait beau voir
Ne seruir que de promenoir,
Pour vn oison d'argent qui vole
Faisant le guet du capitole,
C'est luy qui dit le qui va là,
Lors que le François s'en alla,
Pour y manger des cuisses d'oye,
Mais on luy fit lacher la proye,
Il est peint comme il se conduit
Dans l'obscurité de la nuict,
Qu'il escalade les murailles
Au trauers buissons & broussailles,
Et qu'il se rend maistre du fort
Tandis que la garnison d'ort
Son habit d'or en broderie,
Son sayon de Tapisserie
Rayée auec mille couleurs,
Et l'on y remarquoit ailleurs
L'or de sa blonde cheuelure,
Le charbon dans ceste peinture

Quoy qu'il soit vn noir tres parfait
Auoit formé son col de laict,
Son colier d'or, sa iaueline
Qu'il porte à la mode Apennine,
Enfin l'on forgea mon François,
Tout couuert d'vn tres long pauois,
Mais vne seule oye le ioue
Monnoye, fait tout ie l'aduoue.

  En autre endroit de ce trauail
L'ouurier auoit fait du metail
Prestres, Luperques & Saliques,
Monstrans estiflets de bourriques,
Ils dansoient pendant les iours gras
Coiffez de manches d'hypocras,
Ayant des harnois faits en anse
C'est feu du Ciel, diuine essence,
Or tant qu'ils sont en cét estat
Que la molesse les abbat,
Là procession des commeres
De Dame Rile Marguilleres,
Regardoit ceste nudité
Sans blesser la pudicité.

  Notons icy que l'on esloigne
De ceste plaisante besoigne
Et que l'on met en autre part,
L'enfer, la maison du Richard,
Le lieu du chastiment du vice,
L'on represente le supplice
Lors que Catilina surpris
Craignant les infernaux esprits,
Rongé du ver de conscience
Tien d'vn pendu la contenance,
On lit comme dans Ciceron
Quousque tandem, dira-t'on,
Que nous auons la patience
De supporter ton impudence,
Bref l'on le fait precipiter
De l'affreux roc de Iupiter,
Hors de ce quartier de torture
Les gens de bien ont leur demeure,
Et le Bourg-Maistre du canton
Est Monsieur le sage Caton.

  Sur tous les trais de cét ouurage
Il faut remarquer vne Image
Où l'or fait vne vaste mer,
Les flots y semblent escumer,
Leur couleur estoit blanche & bleuë,
Les Dauphins y trainent la queuë

Lors qu'ils les fendent en nageant,
Ces Dauphins moulez en argent
Tout aussi blancs que de la neige
Y faisoient cent tours de maneige,
Au milieu de ce bras de mer,
Le relief fait bien exprimer
La sanglante & fameuse attaque
Du combat, ou guerre Actiaque,
L'on voit les partis gendarmez
Montez sur des vaisseaux armez,
Les vaisseaux y sont en bel ordre
Tout à bonne enuie ce mordre,
Mars porte par tout ses flambeaux
Qui semblent doubler dans les eaux,
Et l'or y reluisant esclate,
L'on diroit qu'on brusle Leucate.
   Tout s'y void des mieux départy
Cesar Auguste, & son party,
Ioüent fort bien leur personnage,
Il donne à ses gens du courage,
Il commandoit maint regiment,
Celuy qu'à fait son Parlement,
Celuy des Deitez publiques,
Vn autre des Dieux domestiques,
Et le sieur Preuost des Marchands
En menoit vn des moins mechants,
Mais les plus remplis de malice
Sont les regiments de milice
Que l'Italie auoit leué,
Auguste y paroist releué,
Il s'y void debout sur la poupe
Animant tous ceux de sa troupe,
Son front paroist tout glorieux,
De ce qu'au dessus de ces yeux
Sortoient deux rayons de sa teste,
Ou plustost vne double aigrete
Telle que Moyse portoit,
L'astre de son pere sortoit
Du mesme endroit de son visage,
Astre benins du cocuage,
Croissant qui doit croistre tousiours,
Qui ne peut arrester ton cours,
Où le Turc fonde son Empire,
Peut-estre qu'il nous voudroient dire
Qu'ayant au front ces estendards
Les marques de ces deux Cesars,
Il faut que tout le monde estime
Qu'il est successeur legitime,

S'il estoit vray tous les Cornards
Seroient Empereurs & Cesars,
   Ailleurs s'esleuoit vn vray ladre
Agrippa menant son escadre,
Vn bon & fauorable vent
Neluy souffloit point pardeuant,
Les Dieux luy sembloient fauorables,
Vne des marques honorables,
Qu'on gaigne en vn combat Naual
Ne l'accommodoit pas trop mal
Il ceint son front & l'enuironne
Auec la nauale Couronne.
   Ce golfe d'vn autre costé
Ne portoit pas du bois flotté
Marc Anthoine auec sa flote
S'y prepare à porter sa bote,
Representé tout glorieux,
Triomphant & victorieux
Ila ses vaisseaux & galeres
Pleins de Nations estrangeres,
De ceux qu'Ægypte a renuoyé,
Que la Mer rouge n'a noyé,
Du loingtain Bactre, il porte encore
Le peuple habitant soubs l'aurore,
Ce qu'au Leuant fut de meilleur,
Mais il fait rougir gens d'honneur
De voir vn vainqueur dans la chaisne
D'vne Maistresse Ægyptienne,
Il luy faisoit alors la Cour
Encor que par le temps qui court,
Ce seroit honte à Marc Anthoine
De frotter son lard à sa coine,
A sa peau de chauue-souris,
Ses amys en seroient maris,
   L'ordre fut tel pour la bataille,
Enfin tout donne & tout chamaille,
Les forçats, & leurs auirons
Font escumer les enuirons,
La prouë des vaisseaux fend l'onde,
Le globe se courousse, & gronde,
Lors que tout pique en haute mer
Cherchant place à se bien gourmer,
Châque nef qu'on y represente,
Est bien si lourde, & si pesante,
Et porte de si grosses tours,
Qu'on dit que leur choc, & leurs cours,
Sembloient Cyclades detachées,
Des Isles qui se sont lachées,

Ou promontoires des plus hauts
Qui se vont liurer des Assauts,
L'on void courir de proüe en poupe
Gens qui iettoient canons d'estoupe,
C'estoit en ce temps les brusleaux
Dont ils embrasoient les vaisseaux,
Le fer y vole à tire d'aisle,
Et remplit l'air dru comme gresle,
Neptune est en de grands transports,
Tout sanglant & couuert de morts,
D'où se fait tant d'hemorragie
Qu'on trouble la Geographie,
Les Dieux Marins sont esbahis
De voir en vn autre pays
La Mer rouge, & que le Cyclope
La porte d'Asie en Europe,
Ce teint estonne le poisson
Qui se croit cuire au courboüillon,
L'on peint au milieu Cleopatre
Animans ses gens à se battre
Comme en Ægypte l'on souloit
Auec vn sistre qu'on sonnoit
   Tant qu'elle ioüoit de ce Sistre
Elle ne void vn cas sinistre,
Deux serpens horriblement gros
A l'heure luy donnoient à dos,
Il n'est pas vray Diable, ny monstre
Qui n'agit en ceste rencontre,
Anubis jappe en ce pourtrait
Châqu'vn tâche à tirer son trait,
Et vomit sa rage & sa verue,
Sur Venus, Neptune & Minerue,
Mars ciselé dessus le fer
Est depeint arrogant & fier.
Faisant le Diable en la meslée,
Vne furie escheuelée
Et toutes les autres dans l'air
Veulent encore s'y mesler,
Et la discorde y fend la presse,
Elle chante auec allegresse
Sur l'air (qui a de vieux chapeaux)
De méchants haillons & lambeaux,
Bellone leur faisant escorte
Claque vn foüet sanglât qu'elle porte,
Appollon ne la pluftonst veu
Qu'il s'est meslé dedans le ieu,
Ce fut l'Archer du Zodiaque
Qui se fit nommer Actiaque

Pour auoir greslé mille traits,
Tout püoit lors comme retraicts,
La peur leur ouurit l'emonctoire
Beaucoup mieux qu'vn suppositoire,
Les Indois, les Ægyptiens
Eussent infecté iusques aux chiens,
Si ceux de Sabe & d'Arabie
N'eussent osté l'acrimonie
En chiant le baume & l'encens,
Qui recreoit vn peu les sens,
   Enfin tres-tous tournent visage,
C'est à qui fuira dauantage,
La Reine mesme fait vn vœu,
Pour que le vent luy souffle au cu,
Et la mer luy soit fauorable,
Elle sembloit lâcher leichable
Et metre les voiles au vent
Pour s'en aller plus vistement,
Icy Vulcan la represente
Sur vn tas de morts palissante,
De la peur qu'elle a de mourir,
Le Nil accourt la secourir,
Son vaste corps gemit & pleure
En voyant la déconfiture,
Et ses pleurs redoublent son cours
Pour aller plus viste au secours,
Il attiroit dedans sa route
Ceux qu'on auoit mis en déroute,
Ouurant son lict, tendant sa main
Il les veut cacher dans son sein.
   Bref Cæsar ferme cett' histoire
Apres auoir eu la victoire,
On monstre dedans ce harnois
(Comme l'accueil des polonnois)
Que Rome trois fois le regale,
Sa reception triomphale,
Sa pompe de victorieux,
Les graces qu'il rend à ses Dieux,
Ensuite cet histoire tombe
A monstrer la triple hecatombe
Qu'il tuë à châque deité
Des Temples de ceste Cité,
Dans la ruë, & dans châque place
L'on void ioüer la populace,
Ce n'est qu'vn aplaudissement,
Où public diuertissement,
   L'vn danse à l'honneur de la feste,
L'autre fait sonner la musete,

Et l'autre enfle son flageolet,
L'vn chante vn nouueau triolet,
Où la chanson de grand' guenipe
L'autre prend du tabac en pipe,
L'vn mange, l'autre trinque & boit,
C'est le plus plaisant qu'on y void,
Ailleurs on auoit mis au moule
Vne confrairie, vne foule
De Dames qui faisoient vn cœur,
Et chantoient les faits du vainqueur,
Cela se void en châque Temple,
En châque Temple l'on contemple
Au pieds des Autels consacrez
Vn tas de taureaux massacrez,
Qui toute la terre tapisse
Estants offerts en sacrifice,
Enfin il ne faut pas chercher
Vn meilleur estat de boucher,
Mais voicy qui me scandalise
Tout sur la porte de l'Eglise,
Sur le sueil du Blond Apollon
Cesar a planté son bourdon,
Ce lieu des gueux & de l'aumosne
Ne conuient pas auec le thrône,
Auec le triomphe & l'orgueil,
Quoy qu'en soit, ce fut sur le sueil
Qu'il receut toutes les offrandes
De tous les peuples & des bandes,
Qui marquoit leur contentement,
Tout fut cloüé superbement
Au tour des planches & des tables,
Des rateliers, & des retables,
Tout ce qu'il a iamais dompté
Y peut estre aisément compté,
Puis que les nations vaincues
Marchent en ordre par les ruës,
L'œil du curieux se rauit
Voyant le différent habit,
Et l'armement & le langage,
Tout se cognoist dans cét ouurage,
Parmy tant de peuples diuers
Qui portoient la chesne & les fers,

L'on voyoit ceux de Numidie,
Les affricains, ceux de Carie,
L elegues à present Tzacons,
Et les arbalestriers Gelons,
Vulcan animoit la matiere,
L'Euphrate y rouloit sa riuiere
Auec plus de tranquillité,
Ceux qui sont de l'extremité
De toute la terre habitée
Y seruoient encor de trophée,
C'estoit les Morins autrefois
Presentement les Bolonnois,
La peinture estoit bien hardie
De pousser iusques en Picardie,
Et de le faire triompher
Tout sur le bord de nostre mer
Où la terre auoit lors ses bornes,
Le Rhin s'y trouue auec deux cornes,
L'Arax aussi sans aucun pont,
L'on fait encore cét affront
Au Dace qui donna grand peine
Auant qu'on le mit à la chaisne,
Enfin ce triomphe si beau
Fut peint ainsi qu'en vn tableau
Par Vulcan dessus la rondache,
Æneas s'applique & s'attache
A voir auec rauissement
Les rares traits de ce present,
Il void tout dedans ceste image
Et s'il n'en sçait pas dauantage,
Quoy qu'il manie entre ses mains
La posterité de ses reins,
Quoy que le Malthois, & Cyclope
En ait fait vn ample horoscope,
Pour tout cela ce grand Heros
Ne sçait ce qu'il a sur le dos,
C'est honorable renommée,
L'aduantageuse destinée,
De ses nepueus & descendans,
Il ne donnoit pas là dedans:
Mais se voyant plein d'antiquailles
Il crioit de vieilles ferrailles.

F I N.

www.ingramcontent.com/pod-product-compliance
Ingram Content Group UK Ltd.
Pitfield, Milton Keynes, MK11 3LW, UK
UKHW021154140726
13595UKWH00005B/2144